本书出版受到教育部国别与区域研究机构
——重庆交通大学贝宁研究中心资助

本书系重庆市语言文字科研项目"'一带一路'背景下的'汉语+'教学模式研究——以工程汉语为例"（YYK20311）的研究成果之一。

贝宁汉语教学研究

国际中文传播系列丛书

漆亿 唐娟 沈林 著

四川大学出版社
SICHUAN UNIVERSITY PRESS

项目策划：罗永平
责任编辑：罗永平
责任校对：毛张琳
封面设计：胜翔设计
责任印制：王　炜

图书在版编目（CIP）数据

贝宁汉语教学研究／漆亿，唐娟，沈林著．— 成都：
四川大学出版社，2021.3
（国际中文传播系列丛书／蒋霞主编）
ISBN 978-7-5690-2300-8

Ⅰ．①贝… Ⅱ．①漆… ②唐… ③沈… Ⅲ．①汉语－
对外汉语教学－教学研究　Ⅳ．① H195.3

中国版本图书馆 CIP 数据核字（2021）第 059228 号

书　名	贝宁汉语教学研究
	Beining Hanyu Jiaoxue Yanjiu
著　者	漆　亿　唐　娟　沈　林
出　版	四川大学出版社
地　址	成都市一环路南一段 24 号（610065）
发　行	四川大学出版社
书　号	ISBN 978-7-5690-2300-8
印前制作	四川胜翔数码印务设计有限公司
印　刷	四川五洲彩印有限责任公司
成品尺寸	148mm×210mm
插　页	2
印　张	5
字　数	136 千字
版　次	2021 年 6 月第 1 版
印　次	2021 年 6 月第 1 次印刷
定　价	32.00 元

◆ 版权所有 ◆ 侵权必究

◆ 读者邮购本书，请与本社发行科联系。
　电话：(028)85408408/(028)85401670/
　(028)86408023　邮政编码：610065
◆ 本社图书如有印装质量问题，请寄回出版社调换。
◆ 网址：http://press.scu.edu.cn

四川大学出版社
微信公众号

前　言

2017年6月，重庆交通大学贝宁研究中心成立。该中心是经教育部备案的国别与区域研究中心之一，以增强决策咨询能力为核心，开展贝宁及其周边国家政治、经济、文化、社会等全方位、综合性、立体化研究，以及援非中国工程政治、社会、经济与文化影响研究，旨在促进学校交通文化研究、国家与城市形象传播研究、旅游经济研究、工程汉语与工程文化研究、汉语国际教育研究的发展，并进一步加强与中国驻贝宁大使馆、贝宁中国文化中心等的密切合作，建立贝宁及周边国家动态风险预告机制。本书系该中心的研究成果之一。

2009年，重庆交通大学与贝宁阿波美卡拉维大学（UAC）合作建立了贝宁孔子学院。从此，本书三位作者就和贝宁结下了不解之缘。12年来，三位作者不仅在重庆交通大学人文学院汉语言文化系培养了大量贝宁留学生，而且先后到贝宁考察、任教。此书所述，即是三位作者通过亲身实践和调查以及与贝宁教育界人士的合作交流，对贝宁汉语教学形成的比较全面的认识。

在任何一国开展语言教学，一定要基于其国情和语言、教育政策，因此本书第一章和第二章分别介绍了贝宁社会环境和贝宁教育环境，让读者能对贝宁尤其是语言教学政策和外语教学现状有一个大概了解。贝宁的汉语教学主要由贝宁孔子学院承担，所以本书第三章从教学体系、课堂教学环境、教学师资情况、学员情况四个方面介绍了贝宁孔子学院的汉语教学情况。第四章和第五章则具体谈到了贝宁汉语课程教学难点、应对策略以及贝宁汉语教学案例，为海外汉语教学，尤其是西非法语地区的汉语教学提供参考。

  本书在写作过程中得到了非洲各孔子学院的大力支持，也得到了贝宁本土汉语教师的大力支持，在此一并致谢。因才疏学浅，如有错漏，敬请方家不吝指教。

目 录

第一章　贝宁社会环境 …………………………………（1）
　第一节　贝宁概述 ……………………………………（1）
　第二节　贝宁文化背景概况 …………………………（6）
　第三节　贝宁语言政策概况 …………………………（9）
　第四节　中贝外交关系概况 …………………………（10）

第二章　贝宁教育环境 …………………………………（14）
　第一节　贝宁教育现状 ………………………………（14）
　第二节　贝宁外语教学概况 …………………………（19）
　第三节　中贝文化教育交流概况 ……………………（28）

第三章　贝宁孔子学院汉语教学概述 …………………（32）
　第一节　贝宁孔子学院汉语教学体系 ………………（33）
　第二节　贝宁孔子学院汉语课堂教学环境 …………（48）
　第三节　贝宁孔子学院汉语教学师资情况 …………（54）
　第四节　贝宁孔子学院汉语学员情况 ………………（59）

第四章　贝宁孔子学院汉语课程教学 …………………（77）
　第一节　贝宁汉语课程现行教材使用情况 …………（77）

第二节 通用汉语课程教学难点及解决策略 …………（83）
第三节 专门用途汉语课程教学难点及解决策略 ……（94）
第四节 文化类汉语课程教学难点及解决策略 ………（98）

第五章 贝宁汉语课程教学案例 ……………………（104）
第一节 通用汉语课程教学案例 ……………………（104）
第二节 专门用途汉语课程教学案例 ………………（126）
第三节 文化类汉语课程教学案例 …………………（131）
第四节 中小学汉语课程教学案例 …………………（140）

参考文献 ……………………………………………（149）
附录 贝宁孔子学院汉语学员调查问卷 ……………（151）

第一章
贝宁社会环境

第一节 贝宁概述

贝宁共和国位于西非中南部,首都是波多诺伏(Porto-Novo),科托努(Cotonou)是贝宁经济最发达的城市,贝宁的国庆日是8月1日。

一、贝宁自然环境概况

贝宁处于赤道与北回归线之间(北纬6°30′—12°30′,东经1°—30°40′)的热带地区,国土面积约11万平方千米,海岸线长125千米。西北、东北与布基纳法索、尼日尔交界,西接多哥,南濒大西洋几内亚湾。全境南北狭长,纵深700千米;南窄北宽,南北东西宽度从125千米(滨海)到325千米(当基塔与色格巴纳之间)不等。一年只有雨季和旱季两个季节。南部滨海平原为热带雨林气候,常年气温在20℃~34℃之间;中北部地区海拔为200~400米,为热带草原气候,年平均温度为26℃,最高可达42℃。韦梅河是贝宁最大的河流,西北部海拔641米的阿塔科拉山(Atakora)是全国最高点。已探明矿藏有石油、黄金、铁矿石等,但储量有限。渔业资源丰富,海洋鱼类约 257 种。

贝宁北部的彭贾里国家公园 1986 年正式成为联合国教科文组织的生物圈保护地，涵盖 48 万公顷的阿塔科拉山、彭贾里河及两岸河谷，还有大片湿地，包含 3 个狩猎场，由德国、法国和贝宁共同出资管理。

二、贝宁社会概况

贝宁全国人口约 1000 万，有 60 多个民族。贝宁主要民族人口分布如下：丰族（Fon）占 66%，巴利巴族（Bariba）占 10%，约鲁巴族（Yoruba）占 9%，松巴族（Somba）占 5%，弗拉尼族（Fulani）占 4%，其他民族占 6%。

贝宁的民族语言很多，使用人口比例及分布如下：丰语占 26%，分布在中部和南部；约鲁巴语占 14%，关贝语占 12%，阿伊若贝语占 8%，阿加贝语占 11%，都分布在南部；巴利巴语占 13%，迪达玛黑语占 5%，黛姆语占 4%，当迪语占 3%，波勒语占 2%，都分布在北部；其他语言占 2%。丰语和约鲁巴语有文字。

法语是贝宁的官方语言，也是媒体通用语言以及不同民族间沟通的语言。贝宁法律规定国民从小学开始必须学习法语，学校教学也使用法语。尽管如此，据 2014 年的统计，只有 35% 的贝宁人会说法语，且大都是城镇居民。

贝宁是一个多宗教信仰的国家，伏都教、基督教和伊斯兰教为贝宁的三大宗教。全国有 61% 的人信奉伏都教，22% 的人信奉基督教（天主教和新教），15% 的人信奉伊斯兰教，其他信仰者占 2%。

三、贝宁政治概况

贝宁旧名为达荷美（Dahomey），原属法国殖民地，于1960年8月1日独立。独立后，贝宁经历了近十年的政治动荡。1972年由马蒂厄·克雷库（Mathieu Kérékou）领导的军人政府执掌政权，宣布"走社会主义发展道路"。1975年，改国名为贝宁人民共和国。1990年，贝宁经历了严重的政治与经济危机。同年，贝宁反对派在法国等国支持下召开全国民族力量会议，迫使执政长达数十年的克雷库交权，并改国名为贝宁共和国。这种以非军事手段更换政权的"民主复兴"，被西方称为"贝宁模式"。从此，贝宁开始了其效仿西方民主化的进程：实行多党制，举行了地方选举、国民议会选举以及总统选举，确定政治权利的归属问题。1991年、1996年、2006年、2016年，索格罗、克雷库、亚伊和塔隆都是通过选举方式当选总统的。2019年4月，贝宁举行新一届议会选举，因反对派抵制，局势一度紧张。目前，贝宁政局总体稳定。

贝宁宪法规定行政、司法与立法三权分立，实行总统内阁制。总统是国家元首、政府首脑和武装部队统帅，由普选产生，任期为5年，可连选连任一年。国民议会是唯一的立法机构，由83位议员组成。议员直接由普选产生，任期为4年，可连选连任，但不得兼任其他公职。国会对总统无弹劾权，总统也没有解散国会的权力。国会是最高立法机构，行使立法权并监督政府执政。最高法院是国家行政、司法裁判和国家审计的最高权力机关，由司法、行政、审计3个法庭和1个检察院组成，各级法院均委派有共和国检察官。高等法院有权审理总统和政府官员的叛国罪和其他违法行为。宪法法院独立于最高法院，是最高司法机关，负责审理法律的合宪性，调解国家机关权限纠纷，并对立法选举和总统选举的合法性进行裁决。此外，还有一些机构规范国家的正常运作，如高级视听与通信管理局（HAAC），经济社会委员会（CES）以及共和国调解员等。

贝宁目前还有100多位国王（也称为酋长），因所统治的部落不同、家族势力的强弱而有大小之分。国王本人在家族和部落中的威望很高，全体家族成员都听从他的号召。这些国王受教育的程度较高，很多拥有高学历。国王的权力仅限于家族和本部落内部，主要是调解各种纠纷，主持宗教仪式和祭祀等传统礼仪，代表本部落向政府反映民意，相当于地方家族式管理。虽然大多数国王已经没有了实权，但其家族显赫，势力和影响在当地都比较大，因此在贝宁，国王还是很受政府重视的。

四、贝宁经济概况

贝宁是西非经济货币联盟（UEMOA）以及西非国家经济共同体（ECOWAS）的成员，使用货币原为非洲金融共同体法郎（FCFA，简称西非法郎），2020年更名为埃科（ECO）。2019年7月，贝宁签署了非洲大陆自贸区协定。

20世纪90年代，贝宁在国际货币基金组织和世界银行的援助下进行了三次经济结构调整，直接导致贝宁经济呈现出以非正式经济部门为主导的发展趋势。尽管过去20年贝宁经济适度增长，但其民生贫困并未得到很大改善，三分之一以上人口仍然生活在贫困线以下。作为重债穷国（HIPC）和多边债务减免（MDRI）举措的受益者，贝宁的许多重大债务已经被取消了。2016年塔隆任总统后，着力推行全方位改革，制订了《2016—2021政府行动计划》。该计划提出：重点发展新科技产业，计划建设技术与创新园区，大力发展数字经济；重视棉花生产，加快私有化进程；重视能源领域发展，拟定"人人享有能源"计划；改善投资环境，鼓励外国企业在贝宁投资。目前，改革已取得一定成效，贝宁经济运行总体稳定。国际货币基金组织每年在对贝宁的国家经济状况进行评估时，都给予了充分肯定。

贝宁的经济支柱来自三方面：农业生产、港口业务和向周边国家的转口贸易。但其经济发展面临着诸如气候、棉花和石油价格等贸易条款波动以及尼日利亚局势等因素的冲击。

贝宁主要出口棉花、腰果、棕榈油等初级农产品。贝宁的农业生产，特别是棉花生产直接或间接影响许多人的收入。2018至2019年，贝宁棉花产量超70万吨，成为西非地区第一大产棉国。棉花出口额占出口创汇总收入的70%～80%。2018年，贝宁腰果出口美国1689吨，出口欧洲280吨，成为西非地区对美国和欧洲第二大腰果供应地，仅次于科特迪瓦。进口方面，贝宁则以日用消费品、机械设备和燃料等为主，尤其是石油和电力供应严重依赖外部力量。

贝宁工业基础薄弱，设备陈旧，生产能力较低，主要为食品加工业、纺织业和建材业。

由于贝宁国内市场狭窄，对外贸易特别是转口贸易在国民经济中占有重要地位，其转口贸易辐射尼日利亚、尼日尔、布基纳法索等周边国家。尼日利亚是贝宁的第一大贸易伙伴，贝宁经济特别依赖尼日利亚。贝宁实行自由贸易政策，科托努港地理位置优越，是地区性重要转运港口，每年的中转量占港口年吞吐量的40%以上。依托科托努港口的进出口贸易，位于诺奎大泻湖新桥西岸的"刀把市场"（Grand Marche du Dantokpa）成为西非地区最大的商业和贸易市场，各类货物的零售和批发十分兴旺。

旅游业是贝宁的新兴产业，是仅次于棉花的第二大创汇产业。近年来，贝宁政府对旅游业的投入不断加大，现正兴建从科托努至维达的"渔夫之路"旅游开发区，以发展海滨旅游。

图1-1　贝宁旅游景区风光

第二节　贝宁文化背景概况

一、贝宁历史概略

古贝宁位于伊费的东南方向，从9世纪至12世纪下半叶先后有31个君主执政。11世纪，从冈比亚河口沿几内亚湾至喀麦隆火山的滨海地带，鲁巴人在伊费建立国家，后逐渐形成了以伊费为中心的约鲁巴系列城邦。1170年，伊费国王奥杜瓦瓦派幼子奥兰延前往古贝宁做国王。从此，古贝宁的每一位国王即位时都要经过伊费国王的确认，古贝宁国王也被称为"奥巴"。15世纪末16世纪初，古贝宁出现了许多在城邦基础上发展起来的小王国和酋长国。

从17世纪至20世纪初，通过不断地掠夺其他部落的土地和臭名昭著的奴隶贸易制度（1807年废除），阿波美地区的达荷美（Dahomey）王国逐渐成为非洲最强大的王国，其势力范围沿着贝宁湾一直延伸到今天尼日利亚的拉各斯。贝宁的沿海地区形成了奴隶交易的中心，被称为"奴隶海岸"。随着1670年法国入侵，达荷美王国逐渐衰落，最终沦为法国殖民地。其最后一任国王，带有传奇色彩的贝汉津因反抗法国入侵失败被俘，先后被放逐到美洲马提尼克岛和阿尔及利亚，1906年病死在阿尔及利亚，其遗骸于1928年运回贝宁隆重安葬。

1894年，法国人征服了当地各王国之后，建立了达荷美殖民地及领属地。1904年，贝宁并入法属西非，1958年成为法兰西共同体内的"自治共和国"，直至1960年独立后成立达荷美共和国。1975年改国名为贝宁人民共和国，1990年改国名为贝宁共和国。

二、贝宁宗教文化概略

贝宁是一个多宗教信仰的国家，各种宗教能够和谐相处。

贝宁是伏都教（Voodoo）的发源地。伏都教是糅合祖先崇拜、万物有灵论、通灵术的原始宗教，核心内容是尊天敬祖、崇拜某种自然事物或祖先。后来，伏都教随着被贩卖到美洲的几千万奴隶漂洋过海，世代相传，传播到了世界各地，巴西和海地深受影响。

贝宁有70%的人口信奉伏都教。"伏都"，在丰语中是"灵魂"的意思。在贝宁的每个村子里都有巫师，能跟祖先通灵，在不同场合举行不同仪式。人们相信，在特殊的伏都教典礼仪式上，巫师能够传达神的旨意，信徒们能够与神灵沟通、交流。每年的1月10号是贝宁法定的伏都教节。这一天，全国所有教徒会在不同地方集会，举行仪式，纪念自己的祖先和所崇拜的自然事物。在伏都教圣城维达的回归门广场，由大部落酋长轮流主持盛大仪式，人们穿着节日盛装，载歌载舞地来缅怀他们的远祖和神灵，庆典活动会持续多日。庆典上，面具舞是非常重要的仪式，扮演祖先的人戴着面具跳舞，其目的是化解矛盾，教化民众，释放民众内心的积郁和痛楚，使社会和谐发展。

由于有上百年的法国殖民史，欧洲大陆的基督教也扎根在了贝宁。从全国来看，南方的基督教徒较多，有好几个著名教堂，如科托努的圣米歇尔大教堂和圣母大教堂，维达的帕斯里克大教堂，波多诺夫的天主教大教堂。每个星期日上午10点，信徒们会聚集到教堂，听牧师布道，领取圣餐，洗涤心灵。除了星期日，教堂每天晚上还有各种活动，如唱诗班练习，老中青年或妇女读经班，慈善活动，等等。

伊斯兰教徒遍及贝宁全国，在以贝宁的第二大城市巴拉库市为中心的北部地区，伊斯兰教占有绝对的主导地位，只在城市里会有少数天主教堂和信徒。南方大城市，如科托努市会有穆斯林聚居区。

三、贝宁代表性艺术

贝宁用"失蜡法"制作的青铜雕塑是世界艺术中的典范之一，是典型的宫廷艺术。其作品主要是姿态自然的圆雕和浮雕，题材以表现国王、王后为多，还有表现历史人物或为神造像的。形态各异的青铜头像呈现出写实和象征两种截然不同的风格，都具有强烈的表现力。青铜装饰浮雕则以其花纹图案背景而著称。这种花纹浮雕背景往往利用蔷薇花图案配置而成，前景上有大小不一的人物群像。

木雕是贝宁最普遍的传统艺术形式。其独特、粗犷的线条和夸张的造型显示出极其丰富的想象力和创造力。木雕透出原始的生命之美，常常给人以强烈的视觉震撼。

第三节　贝宁语言政策概况

贝宁本土语言属于尼日尔－刚果语系，其多样性和复杂性主要源自部落、族群众多的社会现实和法国殖民统治历史的复杂形势。

在殖民时期，法国对贝宁人民采取集权加同化的语言政策，自小学开始禁用当地语言，强制推行法语教育，将法语学习的优劣作为遴选人才的主要标尺之一，这深刻影响了贝宁独立后的语言政策。

贝宁独立后，政府成立了"文学、语言和传统研究部"。贝宁宪法规定，法语是唯一的官方语言，同时制定相关政策鼓励本土语言的发展，保证本土语言的地位。早在1977年，贝宁就开办了本土语言学校，在很多领域，如教育机构、媒体、非政府机构等公共事务中也尝试使用本土语言。贝宁政府规定，国家议会至少用两种本土语言作为工作语言，要求政府的所有宣传口号要译成本土语言，并加强本土语言作家机构建设。贝宁纸媒除使用法语外，也使用本土语言。贝宁广播电视主要使用法语，但也有使用英语、德语、西班牙语以及本土语言的广播。贝宁国家电台每天播音约18小时，主要使用法语、英语和丰语。此外，贝宁政府开设了专门的丰语新闻台。宗教用语除法语外，主要使用丰语、约拿巴语。

贝宁法律规定，法语为必修语言，英语、西班牙语和德语为备选语言。从小学到大学阶段，法语都是学生的必修课程。托马斯·博尼·亚伊总统执政后，小学阶段开始教授贝宁本土语言中的丰语。初中阶段，学生可以从英语、西班牙语或德语中任选一种作为必修的第一外语，每年有 144 个小时的课堂教学。高中阶段，就非语言专业的学生而言，理科学生每年有 108 个小时的英语课程，文科学生每年有 144 个小时的英语课程，西班牙语和德语是选修课；就语言专业的学生而言，可以将西班牙语或德语作为第一外语，每年有 144 个小时的课堂教学，英语则被视为第二外语，仍是必修课。英语、西班牙语或德语的教学通常是每周两次，每次两个小时。

目前，汉语并没有正式进入贝宁国家教育体系，没有任何政策或国家法规敦促贝宁人民学习汉语。但是从协助发展外国语教学计划（Foreign Language Assistance Program）的文件中可以看出，汉语教育的比重有很大提高，说明贝宁政府越来越重视汉语教育了。

第四节　中贝外交关系概况

1962 年中国和贝宁建交，1964 年贝宁单方面与中国断交，1972 年 12 月 29 日两国复交。

自 1972 年重新建立外交关系以来，中国与贝宁友好合作关系顺利推进，政治互信持续深化，经贸合作稳步推进。通过坚定不移的互利共建，两国关系越来越密切。自 2000 年中非合作论坛创建以来，中国和贝宁的合作领域更加广阔。2019 年 6 月，中贝双方正式签署"一带一路"合作备忘录，共同构建更加紧密的中贝命运共同体。

中贝设有经贸合作混委会，2016年10月在北京召开了混委会第四次会议。中国政府在贝宁先后完成了30多个政府援助项目，包括马蒂厄·克雷库友谊体育场、洛克萨纺织厂和医院、国际会议中心大厦、外交部办公楼、中国经贸发展中心、农业示范中心、帕拉库医院、纳迪丹谷女子军校、朱古和凯图农村小学、科托努立交桥、贝宁政府行政大楼、贝宁中等职业技术学校、阿卡萨托—博希孔公路修复工程等项目以及马朗维尔等八个农业垦区技术合作项目。2019年中国政府提供大米援助，帮助贝宁政府学校食堂计划顺利实施，让贝宁小学的孩子们能吃到放心午餐。

中国目前是贝宁第三大贸易合作伙伴，两国贸易额年均保持在20亿美元。在"真实亲诚"政策理念的引领下，双方在基础设施建设、卫生、教育及农业等广泛领域的合作取得了丰硕成果。中国主要向贝宁出口机电产品、轻工业品和光伏设备等，从贝宁进口棉花、热带水果等产品。贝宁现任总统塔隆上任以来，致力于发展对华关系，将中国视为贝宁对外合作的第一伙伴和通过改革成功崛起的榜样。2019年6月，在中国驻贝宁使馆经商处和贝宁投资与出口促进署的努力推动和积极协调下，贝宁分别在广州和宁波举行了两场投资与贸易推介会。2019年，双边贸易额达23.1亿美元，同比增长5%。

中国企业在贝宁投资的总体规模还不大。从1985年开始，中国企业先后在贝宁承建了萨维—帕拉库公路，恩达里—尼基—芝坎杜至尼日利亚边界公路，伊斯兰文化中心，小水坝和打井工程，帕拉库大学学生公寓。中承集团总公司承租了贝尼（尼日利亚）合资的萨维糖联企业，粤垦集团独资创办了木薯酒精厂，中兴通讯承建了GSM全国网、CDMA全国网和邮政局支撑系统等项目。截至2018年年底,中国企业对贝直接投资存量达1.05亿美元。此外,2018年,中国在贝新签工程承包合同额达9亿美元,完成营业额1.4亿美元。

贝宁中国经济贸易发展中心是近年来中国与贝宁贸易良好发展的一个缩影。该中心于2008年投入使用,通过"常年展+海外仓"的模式,将中国市场和贝宁(西非)市场进行对接,实现了双方的资源共享。贝宁(西非)中国商品展累计举办10届,共计646家中国企业参展。而融资平台、贸易平台以及投资平台三大平台自推行以来,累计为1017家中贝(中非)企业提供咨询服务;协助解决贸易纠纷上百起,为30多家中国企业在投资贝宁的过程中提供法律、财务、员工管理等相关协助;推广的贝宁农产品出口累计达10万吨,金额达2亿美元,极大地提高了当地农民的收入。

中国援贝农业技术示范中心建成于2010年,与贝宁在农作物栽培、育种、畜禽养殖等领域开展合作,针对贝宁国情,因地制宜地开展农业技术试验和示范,为其农业人员进行培训和开展农业指导工作,共举办各种培训班30余次,累计培训近2000人次,为加快贝宁农业发展、农民增收脱贫起到了重要的促进作用。

从1978年开始,中国政府一直向贝宁派遣医疗队,分驻在科托努、洛科萨和纳蒂廷古。至今,中国宁夏回族自治区先后派出24批医疗队,共计596人次,在贝宁成功开展各类手术75000万余例,救治300多万贝宁群众,先后有33人次被贝宁政府授予荣誉勋章。

中国与贝宁的人文交流活动丰富多彩。1988年9月建成的贝宁中国文化中心成为两国在人文交流方面的重要平台,通过组织培训、举办文化活动等多种形式推动了中贝文化交流，促进了贝宁文化事业的发展。2009年8月中国海南省派遣青年志愿者服务队，在教育、医疗、计算机等专业领域为贝宁民众提供了一年的志愿服务。2009年3月中国重庆交通大学和贝宁阿波美卡拉维大学共建了孔子学院，通过语言和文化的学习和传授来推动和加强中贝两国文化的交流与借鉴。2016年10月，中贝职业技术教育学院成立，为贝宁培训各类实用技能型人才以及在贝宁的中国企业提供帮助。每年，贝宁的优秀人才通过奖学金、培训班、考察团等各种途径前往中国学习交流，同时，许多贝宁艺术家前往中国参加各种艺术活动。

第二章
贝宁教育环境

第一节 贝宁教育现状

一、教育体制

20世纪80年代中期,贝宁高等教育改革兴起,一批专业化院校成立。这批新兴的院校包括3所教师综合培训学院和1所教师高级培训学院,为小学、初中、高中教育培养师资。80年代末期政治动荡,由于学校无法继续为所有大学毕业生提供工作,毕业生失业率逐年增高,贝宁政府关闭了3所教师综合培训学院。1989年,贝宁教育体系处于瘫痪状态。1990年,贝宁民主政府建立后,召开了关于教育总体形势的全国会议,通过了关于教育改革的方针政策。1991年开始,贝宁政府对教育制度进行了重大改革。这次改革允许民间力量办学,私立学校因此繁荣起来,但与教师资格相关的高等院校不在其列,其目的是保证教学质量。

贝宁教育体制有三次大的变化。从1960年独立到1975年,由"贝宁教育、文化、青年与体育部"来管理教育。从1975年到1990年2月全国民族力量会议召开,由四个不同部委管理教育。全国民族力量会议之后,撤并了原四个部委,由"教育与科研部"来管理教育。2001年至今，则由四个部委管理教育，分别是：幼儿和初等教育部，负责幼儿园与小学教育；中等教育、技术和职业培训及再就业和青年安置部，负责中学、职业与技术中学、职业与技能培训中心；高等教育和科研部，负责大学、高等院校、大专院校与其他职业培训；文化、扫盲、手工业与旅游部，负责制定成年人扫盲与教育政策、管理成年人扫盲中心。

此外，有的部委还设立了相关部门来负责一些特殊培训中心的行政管理。它们分别是：贝宁公职和劳动部，管理全国公司职工改善中心；贝宁经济与财政部，管理国库管理人才培训学校、财政中央行政人才培训学校和税务管理人才培训学校；贝宁矿产、能源与水利部，管理贝宁电力职工培训中心。

二、传统教育

贝宁传统教育是非正规教育，其机制展示了实用的知识和技能是如何在部族中传承的。它实质上是一个启蒙过程，旨在为个人做好充分适应其社会角色的准备。贝宁传统教育中，知识不是以书面形式保存下来，而是以口头文学、宗教仪式、歌舞或游戏的形式，由部族老人凭借记忆代代传承。

一般来说，孩子最初是从游戏开始了解自己的生活环境的，如使用动物玩具的模拟游戏。一旦年龄允许，孩子就会开始在实际工作中坚持长期的技能学习，会从父兄或者巫师、专业工匠那里得到指导。当然，孩子如果要获得像在医学、音乐或手工艺方面的专业知识，就需要在专业人士那里接受更为正规的学徒制教育。

三、现代普通教育

贝宁现代普通教育包括：小学 6 年，初中 4 年，高中 3 年，大学本科 3 年，硕士研究生 2 年，博士研究生 3 年或 4 年。

（一）学前教育

2004 年，贝宁设立儿童教育司，监督管理公立和私立幼儿学校教育。幼儿园只接收两岁到两岁半的孩子，期限两年。2004—2006 年，贝宁政府并不特别重视学前教育，不过私立学校起了很大作用。在这期间，贝宁与世界教科文组织合作的 EDUCOM 项目、非政府组织的 Aide et Action "儿童中心"项目以及 CAEB "儿童院"项目同样发挥了重要作用。得益于政府 2006 年开始的免费教育政策以及有针对性的动员，贝宁学前教育入学人数正不断增长。

（二）初等教育

初等教育，即小学教育，共 6 年（CI、CP、CE1、CE2、CM1、CM2）。

自 1990 年贝宁开始教育制度改革后，初等教育有了极大发展。经过几年的阶段性实验，从 2004 年开始，全国小学课程都按照新的教学大纲开展教学。2005 年 6 月，六年级学生参加了新的"全国小学统一考试"，通过后会被颁发 CEP（Certificat d'Etudes Primaire）证书。自 2006 年以来，贝宁对所有 6~11 岁的学生实行义务教育，学生完成学业并通过考试后可获得小学毕业证书。

因为实行了义务教育，贝宁的小学入学率大大提升，但不同地区所能提供的初等教育服务及其质量差异极大，城乡差别较为明显。在教育需求增长迅速的城镇中心，除了公立小学，还有不少私立小学，城市孩子受教育的机会远多于农村孩子相比城乡差别，贝宁小学教育已基本做到性别均衡。

（三）中等教育

中等教育包括初中 4 年和高中 3 年，不是义务教育。

学生在完成小学学业并通过全国小学统一考试，且最重要的三门课程都合格后，才有资格上中学。最重要的三门课程为：数学、法语笔试和法语写作。初中学业完成后，学生参加全国初升高统一考试，通过后会颁发 BEPC（Brevet d'Etudes du Premier Cycle），但只有年平均分达到或超过 10 分（满分为 20 分）才能就读高中。高中学业完成后，学生要先参加高中毕业会考 BAC（Baccalauréat），获得高中毕业证后才能参加高考。

（四）高等教育

2016 年 4 月，贝宁政府对公立大学进行了改革，公布了 4 所公立大学：阿波美卡拉维大学（UAC），帕拉库大学（UP），波多诺伏国立农业大学（UNAP），阿波美国立科学、技术、工程和数学大学（UNSTIM）。此外，还有一批私立高等教育机构（EPES），包括 4 所私立大学和 137 所私立高等学院。承担高等教育的公立大学与私立大学招收持有高中毕业证或同等学力的学生，不同专业学制年限为 2~8 年。根据《2010－297 法令》，贝宁承认私立高等教育机构颁发的毕业证书，私立高等教育机构也可对符合条件的学生授予学士学位和硕士学位。

与撒哈拉以南许多非洲国家相比，贝宁的大学入学率相对较高，但毕业后就业率较低。接受高等教育的学生中，80％来自占人口 20％的富裕家庭。

四、职业教育

虽然贝宁以非正式经济部门为主导的经济发展模式暂缓了

国内就业矛盾，但是就业人员容易陷入"低技能—低生产效率—低收入"的恶性循环中。解决问题的关键在于提高劳动生产率，这就要求国家培训非正式经济发展所需的劳动力，提高非正式经济部门从业人员的技能水平。

（一）传统学徒制

传统学徒制是贝宁发展最为成熟的职业教育模式，在该国技能市场中居主导地位。贝宁非正式经济部门中90％的技能培训均采用这一模式，其在传承和更新职业技能上起着十分重要的作用。因为学费低廉，传统学徒制是贫困青年、从农村流动到城镇的青年以及达不到正规教育入学要求的学生获得社会认可技能的唯一培训方式，是绝大部分贝宁青年获得专业技能的主要途径。在子女学徒期间，一般由家长分2~3次向师傅交纳学费，根据专业的不同，学费在75~225美元。师傅为学徒提供食宿以及少量的生活补贴，学徒的劳动收入足以负担其基本生活费用。

传统学徒制与劳动力市场之间关系紧密，学徒在实际生产环境中除了能够掌握当前市场上所需技能外，还能习得经营管理、谈判技巧等多项技能，同时获得更多与同行交流的机会。学徒完成学业后可在所在的实习单位就业，也可自主创业。

（二）现代职业教育

1990年的全国中等教育会议以后，贝宁政府除了重视普通中等教育，还非常重视职业技术中等教育。1998年贝宁政府确立了职业资格认证CQP（Certificat de qualification professionnelle）和职业技能认证CQM（Certificat de qualification au metier）。双重认证各有侧重，互为补充。CQP主要面向年满14岁、教育水平在小学四年级以上的技术人员，对其所掌握的技术技能给予国家认证。2005年3月，贝宁国民议会通过第117号国家法案，规定凡年满16岁、接受过技能培训且达到一定技能水平的技工均有资格申请CQM，主要由贝宁国家技工联盟（FENAB）认证。2006年，高等教育与职业教育部委第12号法令提出具体的"双平衡"评估方式：在理论和实践测试上保持平衡（理论成绩占30%，实践成绩占70%），在过程评估和终结评估之间保持平衡（过程评估占60%，终结评估占40%）。目前，滨海（科托努市）、韦梅高原（波多诺伏市）、祖及丘陵（波依贡）、博尔古（帕拉库市）、莫诺、库福、阿塔科拉、东加和阿黎博里等地都开设有职业培训学校。不过，总体而言，贝宁的现代职业教育较为薄弱，以私立院校为主。公立职业院校仅有15所，绝大部分只针对职前培训，存在培训内容陈旧、培训设施过时、受训人员缺乏实践机会等问题。

五、扫盲教育

贝宁成年人的文盲程度仍然较高。目前，全国共有两千多个公共扫盲中心，接收任何愿意学习的公民，主要培训国家社会、经济、文化、卫生、保健、公民意识、用工环境等基础知识。每年的扫盲教育涉及3万多名成年人，每次培训时间一般为6个月。此外，贝宁还有一些私立机构、非政府组织与其他扫盲机构，但其作用尚未得到充分发挥。

第二节　贝宁外语教学概况

一、贝宁外语教学现状

法语虽然是贝宁的官方语言，但对贝宁人来说仍是一门外语。法语、英语、德语和西班牙语在小学和中学阶段的教学情况前文已有提及，这里不再赘述。

在贝宁，只有阿波美卡拉维大学和帕拉库大学才设有英语专业，专业方向很多，最高学位为硕士。美国、英国和加拿大是贝宁第一批英语博士留学的国家，如今学生也可选择去加纳或尼日利亚留学。并且，随着种族隔离政策的取缔，南非也成为贝宁学生留学攻读博士的选择地之一。

与英语专业相类似，学生若想攻读西班牙语专业和德语专业的更高学位，只能出国。攻读西班牙专业可以去西班牙或拉丁美洲国家留学，古巴特别欢迎贝宁学生。攻读德语专业可以到德国、瑞士或奥地利留学。

阿拉伯语是伴随着伊斯兰教进入贝宁的，在伊斯兰教学校教授。阿波美卡拉维大学的阿拉伯语和伊斯兰文化学院（ILACI）只有阿拉伯语本科专业，学生如果想攻读更高的学位，就得去阿拉伯国家，如沙特阿拉伯、利比亚、苏丹、埃及等。

汉语教学是从1988年贝宁中国文化中心成立开始进行的，到2009年贝宁孔子学院成立前，除了贝宁中国文化中心，贝宁另外两个汉语教学点都在阿波美卡拉维大学内，学生人数不足1000。2009年贝宁孔子学院成立后，汉语教学得到了较大的发展。

二、贝宁主要的外语教学机构

贝宁教授外语的机构主要有法国学院（IF）、阿拉伯语和伊斯兰文化学院（ILACI）、贝宁外语中心（CEBELAE）、阿波美卡拉维大学孔子学院（IC-UAC）和贝宁中国文化中心（CCC）。

（一）法国学院（IF）

法国学院本部位于科托努市，原名法国文化中心，于1962年贝宁独立后建立，在贝宁北部重要城市帕拉库设有分部。学院由法国文化部任命的院长负责管理,在法国使馆文化参赞监督之下履行职责,主要由法国政府提供运行经费。

法国学院举办各种文化活动和语言培训。法语培训是最主要的活动,目的是让初学者具备基本的法语沟通能力,非初学者具备生活或专业工作领域的法语交流能力。培训班分为普通法语培训和专业法语培训,设有为赴法留学、工作或旅游人员开设的预备班,也设有初级、中级、高级法语班。法国学院根据学员的需求和水平,按欧洲语言标准设计培训课程,上课地点在学院或申请培训的单位。培训按期安排,或4周一期,共30个学时;或8周一期,共50个学时。

法国学院每年大概招收80人。成人一年学费为13.5万西非法郎,儿童一年学费为4.8万西非法郎。学院有五六位教学经验丰富的法语老师,一般是贝宁籍,和学院签订可延期的短期合同。法国籍老师也有,但较少。

招生时有简单的口试,随后学院按学员水平分班教学。结业时考试合格者,学院会颁发培训证书。如果相关考试合格,学院也可颁发法语水平证书(TCLF)或英语水平证书(TCLA)。法国学院颁发证书只是证明学员的法语水平,并不提供就业机会。不过,培训合格者有机会申请法国的奖学金。

从2015年起,法国学院本部特别开设了贝宁本土语丰语班。丰语是贝宁南部地区特别是科托努等地普遍使用的本土语言,学院开设丰语班是为想融入贝宁社会或理解贝宁文化的外国人提供语言交流方面的帮助。

(二)阿拉伯语和伊斯兰文化学院(ILACI)

阿拉伯语和伊斯兰文化学院位于阿波美卡拉维大学校园内,是利比亚前领袖卡扎非1999年出资援建的。该学院以在贝宁高等院校教授及推广阿拉伯语和伊斯兰文化为主要目的,由一位利比亚籍的管理协调员和一位贝方院长共同管理。学院运行经费主要由利比亚、埃及、科威特、沙特阿拉伯等国家承担,在贝宁的利比亚侨胞也会提供援助。小部分经费由阿波美卡拉维大学承担,主要是外籍教师的住宿费。学院所有教师的薪资都由利比亚政府承担。大部分教师是外籍人,小部分是贝宁人。外籍教师通常来自尼日利亚、尼日尔、布基纳法索、埃及、苏丹等。

学院的课程安排与其他阿拉伯国家相同专业同步,本科学制为5年,可授予阿拉伯语与伊斯兰文化学士学位。上课时间为周一至周五8:00—14:30。学院也有短期培训,会为成绩合格者颁发培训证书。

学院每年招收50人,除了贝宁学生,还招收西非国家的学生,特别是尼日利亚、尼日尔、布基纳法索、多哥等国的留学生。获得高中毕业证书且年龄在23岁以下(含23岁)者可以报考。学生通过考试被录取后,每学年须交注册费1.5万西非法郎,其他费用由利比亚政府承担。

愿意继续深造的毕业生一般都有机会获得奖学金去阿拉伯国家如利比亚、苏丹、埃及、沙特阿拉伯等学习。驻非国际机构、阿拉伯公司或银行、阿拉伯国家在贝宁的外交机构会经常到该学院招聘职员。

(三)贝宁外语中心(CEBELAE)

贝宁外语中心成立于1979年,是阿波美卡拉维大学附属语言培训和语言教学研究机构,由阿波美卡拉维大学校长任命主任管理。其职责主要包括:在非洲多语环境中进行外语教学法研究,提高语言教学水平;编写语言教学、实验教学材料,进行应用语言学研究;为贝宁人和贝宁的外国人提供外语培训和实践机会,包括翻译培训服务；进行语言专业教师培训与进修，尤其是法语老师。贝宁外语中心的运行经费源自所收学费及贝宁政府的资助。贝宁政府每年资助500万西非法郎，主要用于学员的培训与住宿。

贝宁外语中心师资力量雄厚，教学设备齐全，目前已具备提供多语种培训的能力，如法语、英语、德语、西班牙语和汉语等。中心每学期有5位贝宁本土教师，根据需求，有时也会另请本土或外籍教师参与培训。

贝宁外语中心每年大概招收150名学员。英语学员一般都是贝宁人，法语学员一般都是外国人。法语普通班和短期强化班都只招收12人。英语普通班（九个月）学费为1.2万～3万西非法郎，英语强化班（三个月）学费为9万～12万西非法郎。法语普通班（九个月）学费为10.8万～13.5万西非法郎，法语强化班（三个月）学费为12万～15万西非法郎。大学生白天8：00—16：30上课，非大学生晚19：00—21：00上课。

针对法语学员，中心会组织短期实践、长期实践和旅游实践。旅游实践包括参观贝宁的名胜古迹、参观访问国家机构、聆听非洲文化讲座等。根据需求，中心也会为英语学员提供为期10天的旅游实践。

语言培训班会举行期中考试和期末考试，考试合格者，贝宁外语中心为其颁发培训证书和结业证书。这是外国学生报考阿波美卡拉维大学的必备条件。除了以上证书，贝宁外语中心还有资格颁发与其培训相关的阿波美卡拉维大学证书，如大学法语证书（DUEF）、二外法语教师资格证书（CAEFLF）、高级法语证书（DALF）等。

（四）阿波美卡拉维大学孔子学院（IC-UAC）

阿波美卡拉维大学孔子学院（以下简称"贝宁孔院"）是

贝宁第 1 个、非洲第 10 个孔子学院，于 2009 年 3 月 25 日揭牌成立。这是中国国家汉语国际推广领导小组办公室（以下简称"中国国家汉办"）、重庆交通大学（以下简称"重庆交大"）和贝宁阿波美卡拉维大学（以下简称"贝宁阿大"）三方合作的成果。其目标是成为两所大学的校际交流平台，三方合作在贝宁推广汉语和宣传中国文化，促进中贝文化交流，促进中贝两国人民的相互了解。

贝宁孔院由中贝双方合作院校推荐人选组成理事会进行管理，具体运营由中贝双方院长负责。贝方院长由贝宁阿大校长任命，中方院长由重庆交大选拔，并经中国国家汉办培训合格后派出。运营经费目前由中国国家汉办和贝宁阿大共同筹措，最终将通过孔子学院的项目实施和授课收入实现自负盈亏。贝宁孔院由中国国家汉办提供中方汉语教师和志愿者，包括 1 名专职贝宁汉语教师和 10 名稳定的兼职汉语教师。贝宁阿大主要承担中国教师在贝宁的住宿费用以及贝宁职员的薪资，同时提供教学办公场地及相应设备，其余由中国国家汉办负责提供。

贝宁孔院主要开设汉语培训班、汉语选修课程、汉语课程（本科）和汉语师范课程（本科）。除了汉语教学，贝宁孔院也通过课外实践和文艺演出等文化活动帮助学生了解中国文化。

汉语培训班和汉语选修课程面向所有愿意学汉语的人，无特殊条件限制，其学费如下：校内学生一学期为 1.5 万西非法郎，教职工一学期为 2.5 万西非法郎，其他人一学期为 3.5 万西非法郎。本科班招收贝宁学生，也招收留学生，但报名者应有高中毕业证书或同等学力证书。截至 2015 年，本科班中贝宁学生和留学生一学年的注册费和学费都是 11.5 万西非法郎。自 2016 年起，根据西非经济共同体的协议，留学生一学年注册费和学费为3.4万西非法郎。从成立到今天,贝宁孔院已累计有3万多名学员。

汉语培训班考试合格者,贝宁孔院为其颁发结业证书;汉语选修课程、汉语课程(本科)和汉语师范课程(本科)考试按照贝宁阿大相关规定执行。2016年6月起,贝宁孔院可以向符合条件的汉语本科毕业生颁发学士学位证书;两年后,也就是2018年6月起,贝宁孔院可以向符合条件的汉语师范本科毕业生颁发学士学位证书。此外,贝宁孔院与中国国家汉办合作,每年举办两次汉语水平考试(HSK)和汉语水平口语考试(HSKK),合格者由中国国家汉办考试委员会颁发证书。接受汉语教育的学生毕业后可从事翻译、行政助理、中学汉语教师等相关工作。符合条件者,还可以申请各种奖学金前往中国留学或进修。

(五)贝宁中国文化中心(CCC)

贝宁中国文化中心于1988年成立,由中国驻贝宁大使馆文化参赞负责管理,运营经费由中国政府提供。该中心从成立起就开展汉语教学,主要进行汉语入门教学以及中国文化介绍,后因故停开。1996年,该中心重新开设汉语课程,学制为一年,分两个学期,第一学期从头年10月至次年2月,第二学期为3月到7月。由中国国家汉办派出国家公派对外汉语教师进行专业教学,任期一般为两到三年,同时聘用曾在中国学习汉语的当地教师。2016年开始,汉语课程由孔子学院中方教师和本土教师承担,中国国家汉办不再另派教师。2019年,学生已增至130名,开设有3个初级班、2个中级班和1个儿童班,开课时间集中在晚上和周末。学费如下:成人一年5万西非法郎,儿童一年4万西非法郎,教材费每人1万西非法郎。学生通过学年考试后,贝宁中国文化中心将为其颁发结业证书,成绩优秀者有机会参加在中国两个月的修学之旅。此外,学生可参加汉语水平考试(HSK)和汉语水平口语考试(HSKK),符合要求者也可申请奖学金前往中国留学。

三、贝宁主要外语教学研究机构的比较

根据上文对贝宁主要外语机构的介绍,我们对这些机构[①]的相关情况进行比较分析(见表2-1)。

表2-1 贝宁主要外语教学研究机构的比较

外语教学机构	法国学院(IF)	阿拉伯语和伊斯兰文化学院(ILACI)	贝宁外语中心(CEBELAE)	阿波美卡拉维大学孔子学院(IC-UAC)
成立时间	1962年	2009年	1979年	2009年
管理体制	院长负责制;文化参赞监督	一位利比亚籍的管理协调员;一位贝方院长	阿波美卡拉维大学校长任命主任管理	理事会管理;中贝双方院长负责具体运营
运营经费	法国政府提供	由利比亚、埃及、科威特、沙特阿拉伯等国家承担;利比亚侨胞提供援助;阿波美卡拉维大学主要承担外籍教师的住宿费等	贝宁政府资助500万西非法郎/年	由中国国家汉办和贝宁阿大共同筹措
课程目标	培养和提高法语交流能力	在高等院校教授及推广阿拉伯语和伊斯兰文化	培养和提高法语和英语交流能力	推广汉语和中国文化

---

① 因贝宁中国文化中心也进行汉语教学,故不做比较。

续表2-1

外语教学机构	法国学院（IF）	阿拉伯语和伊斯兰文化学院（ILACI）	贝宁外语中心（CEBELAE）	阿波美卡拉维大学孔子学院（IC-UAC）
课程安排	法语培训，按CECR设计；丰语培训班	本科课程；培训班	法语普通班和强化班；英语普通班和强化班；法语或英语实践	汉语培训班；汉语选修课程；汉语本科课程；汉语师范本科课程
招生条件	无条件	贝宁籍及西非国家的学生，有高中毕业证书，年龄在23岁（含23岁）以下	无条件	培训班和选修班无条件；贝宁及西非国家的学生，有高中毕业证书或同等学力证书
学费	成人每年13.5万西非法郎；儿童每年4.8万西非法郎	注册费每学年1.5万西非法郎，其余由利比亚政府承担	法语普通班10.8万～13.5万西非法郎、法语强化班12万～15万西非法郎；英语普通班1.2万～3万西非法郎、英语强化班9万～12万西非法郎	培训班：校内学生每学期1.5万西非法郎，教职工每学期2.5万西非法郎，其他人每学期3.5万西非法郎；本科：贝宁学生每学年11.5万西非法郎，留学生每学年3.4万西非法郎
师资	一般为贝宁籍法语老师	由利比亚招聘，大部分教师是外国人，小部分是贝宁人。外籍教师通常来自尼日利亚、尼日尔、布基纳法索、埃及、苏丹等国	每学期有5位贝宁本土教师，有时也会另请本土或外籍教师短期参与	中方教师；贝宁教师
学生人数	80人/年	50人/年	150人/年	累计已有3万人
证书	培训证书；TCLF；TCLA	阿语与伊斯兰文化学士学位证书；培训证书	培训证书；结业证书；阿波美卡拉维大学授权证书；DUEF、DALF、CAEFLE、英语和商务证书	结业证书；HSK证书和HSKK证书；本科学士学位证书

从上表可以看出，贝宁主要外语教学研究机构基本依靠政府的财政资助，还不能完全自主运行。相较而言，贝宁孔院虽然只教汉语，但课程丰富，体系比较完备，而且学员能根据所选课程获得相应的证书，满足了不同群体的需求。就汉语培训班而言，贝宁孔院学费最优惠；就本科教育而言，贝宁孔院的学费与机构的学费基本持平。由于阿拉伯语和伊斯兰文化学院为所有学生提供奖学金，贝宁孔院学费才会比它高。贝宁孔院教师人数最多，但来源单一，主要为中国教师或有留华学习经历的贝宁教师。这几个机构中，因为创立时间很早，法语又是贝宁的官方语言，所以法国学院最有名。贝宁外语中心在英语培训方面知名度较高。贝宁孔院目前累计已有学员3万多人，发展速度较快，但其知名度上不及其他机构，这与贝宁汉语学习者的密度分布有关。

第三节　中贝文化教育交流概况

自建交以来，中贝两国在文化领域保持着密切的合作关系。1988年9月贝宁中国文化中心建成后，两国文化交流更加频繁。2000年中非合作论坛创建以来，两国间的文化合作领域更加广阔，进一步加深了两国人民的传统友谊。

在艺术交流方面，为了向贝宁民众展现中国文化的多样性和丰富性，中国政府不断加强与贝宁的文化交流活动，来自中国各地区的百余个艺术团先后到访贝宁，在各种节日举行公开演出和交流活动。

表2－2　2010—2019年与贝宁进行文化交流的中国地区

年份	地区	年份	地区
2010	青海	2015	辽宁
2011	青海	2016	河北
2012	重庆	2017	甘肃
2013	吉林	2018	新疆
2014	成都	2019	云南

贝宁中国文化中心常年举办丰富多彩的活动，如文化体验展、美食文化节、"汉语桥"大赛、优秀摄影作品展等。从2010年开始的"欢乐春节"，更是有效传播了中国传统节日的核心文化价值——团圆和谐。此外，贝宁中国文化中心还定期举办以中医、文学、中国艺术、舞蹈等为主题的讲座和培训。2009年，来自青海的中国工艺师通过短期培训教授贝宁青年剪纸、掐丝画，来自吉林和四川的中国画家分别于2012年和2014年对贝宁的年轻画家们进行短期培训，教授中国传统和现代绘画、书法艺术，举办中贝师生汇报展览等。

图2－1　贝宁学员学习书法

与此同时,许多贝宁艺术家来到中国参加各种交流活动。贝宁国家艺术团(国家芭蕾舞团)和"超级天使"艺术团都访问过中国多个省市,参加了在北京、南京、青海、西安、上海等地的演出活动。据贝宁国家艺术团前团长 Florent-Eustache Hessou 说,中国是贝宁国家芭蕾舞团自 1993 年成立以来访问最多的国家。2009 年,应中国组织方的邀请,贝宁青年歌手 Ignace Don Métok 带着原创的以"水"为主题的歌曲参加了青海湖国际艺术节。2011 年,"超级天使"艺术团为中国青海的年轻舞蹈演员们举办了短期培训,教授贝宁民间舞蹈,并举行了培训文艺汇演。2014 年 8 月,这批接受过培训的年轻舞蹈演员在贝宁国庆演出中表演了这些舞蹈。贝宁诗人 Amine Laourou 和 Roland Adékambi 分别于 2009 年和 2011 年参加了中国青海湖国际诗歌节。贝宁摄影师 Koffi Yves Parfait 和 Esther Bigo 分别于 2008 年和 2010 年参加了中国济南国际摄影双年展,Esther Bigo 还参加了 2010 年上海世博会国际摄影展。现在,越来越多的贝宁当地文化机构和国际组织主动与中国文化中心合作举办各类展览、文化节、艺术大赛。贝宁一年一度最大的国际艺术节 AGOGO 国际舞蹈节,中国文化中心是唯一参与该项活动的驻贝宁外国文化中心。

在体育交流方面,1995 年至今,不断有中国专家前往贝宁,在贝宁中国文化中心教授中国武术。这让贝宁的武术学员们有机会参加国家级甚至国际级比赛。2013 年,学员 Romuald Alinkon 在中国河南举办的国际武术大赛上获奖。2014 年和 2015 年,各有 4 名贝宁学员在中国河南少林寺参加了为期 3 个月的培训。此外,贝宁学员还在贝宁和中国接受乒乓球及舞龙舞狮的短期培训。2016 年,有 4 名学员在中国大连接受了为期一个月的舞狮培训。

图 2-2　贝宁学员舞龙表演

在教育交流方面,中国从 1976 年就向贝宁学生提供奖学金。第一批获得奖学金的贝宁留学生学成归国后在国家公共服务部门工作。之后,一批又一批的贝宁学生获得中国奖学金,来到中国接受培训,涉及专业有农学、医学、土木工程学、经济学、电气工程、汉语、翻译、国际关系、药学等。2009 年 8 月,海南省派遣中国青年志愿者服务队,在教育、医疗、计算机等方面为贝宁民众提供了一年的志愿服务。2009 年 3 月,中国重庆交通大学和贝宁阿波美卡拉维大学共建了孔子学院,通过语言和文化的学习和传授,推动和加强中贝两国文化的相互交流与借鉴。2016 年 10 月,中贝职业技术教育学院成立,旨在为贝宁培训各类实用技能型人才。

第三章
贝宁孔子学院汉语教学概述

为进一步加强中国与贝宁在教育领域的合作，支持并促进汉语教学的发展，增进两国人民的相互理解和友谊，根据《孔子学院章程》，2009年中国国家汉办、重庆交通大学和贝宁阿波美卡拉维大学三方签订协议，成立了贝宁阿波美卡拉维大学孔子学院。自成立以来，贝宁孔子学院坚持科学定位、突出特色、服务当地、互利共赢的原则，以汉语教学为主体，以提高教学质量为核心，适应贝宁汉语学习者多样化、多层次的需求，汉语教学、文化交流和职业培训并举，促进中贝之间的交流，努力为当地经济、教育和文化发展提供服务。目前，贝宁孔子学院已经形成了多层次、多样化、广覆盖的汉语教育体系，2019年注册学生4000余人，已有汉语专业本科毕业生100余名，汉语师范专业本科生毕业生5名；自2011年以来，已举行了16次汉语水平考试（HSK）和汉语水平口语考试（HSKK），共1000余人次参加；自2013年以来，推荐100余名学生到中国留学。同时，以中国四大传统节日（春节、清明节、端午节、中秋节）系列庆祝活动和"全球孔院日"为主线，以学生汉语俱乐部为依托，贝宁孔子学院开展了约200场系列中国文化讲座和文化活动，4万余人次参加，营造了良好的中华文化氛围。尤其是近两年开展的"发现中国"系列文化讲座,立足贝宁发展的实际需求,逐渐开展中贝两国文化的深层交流。

第一节 贝宁孔子学院汉语教学体系

一、贝宁孔子学院汉语教学类型

贝宁孔子学院采取"一院多点"的办学模式,学院本部在阿波美卡拉维大学内下设两个孔子课堂,即位于阿波美的阿加拉人文艺术学院孔子课堂和位于帕拉库的帕拉库大学孔子课堂,还有多个教学点(见表3-1)。

表3-1 2009—2019年贝宁孔子学院教学点

序号	汉语教学点(含本部)	学校/培训班性质	所在地	教学层次	教学课型
1	孔院本部汉语培训班	公立	卡拉维	非学历教育	通识汉语综合课,偏重听说,面向社会
2	中国文化中心汉语培训班	公立	科托努	非学历教育	通识汉语综合课,偏重听说,面向社会
3	Ségbèya(中小学)	公立	卡拉维	非学历教育	通识汉语综合课,偏重听说
4	St.Rita(中学)	公立	卡拉维	非学历教育	通识汉语综合课,偏重听说
5	CEG Zogbo(中学)	公立	科托努	非学历教育	通识汉语综合课,偏重听说
6	CEG Gbegamey(中学)	公立	科托努	非学历教育	通识汉语综合课,偏重听说
7	波依贡综合学校(中小学)	公立	波依贡	非学历教育	通识汉语综合课,偏重听说

续表3-1

序号	汉语教学点（含本部）	学校/培训班性质	所在地	教学层次	教学课型
8	Enfant Noir（小学）	公立	科托努	非学历教育	通识汉语听说课
9	ACTION（中小学）	公立	科托努	非学历教育	通识汉语听说课
10	Dazan Nouvel Horizon（小学）	公立	卡拉维	非学历教育	通识汉语听说课
11	波多诺伏高等师范学院（大学）	公立	波多诺伏	非学历教育	通识汉语综合课，偏重听说
12	波多诺伏体育学院（大学）	公立	波多诺伏	非学历教育	通识汉语综合课，偏重听说
13	高等科学技术学院（大学）	公立	卡拉维	非学历教育	通识汉语综合课，偏重听说
14	农业教育学院（大学）	公立	阿波美	非学历教育	通识汉语综合课，偏重听说
15	ELFI 国际幼儿园	私立	科托努	非学历教育	通识汉语听说课
16	La paix（中小学）	私立	科托努	非学历教育	通识汉语综合课，偏重听说
17	Les Pringces（中小学）	私立	科托努	非学历教育	通识汉语综合课，偏重听说
18	Aupiais 教会中学	私立	科托努	非学历教育	通识汉语综合课，偏重听说
19	Le Pivot（中学）	私立	科托努	非学历教育	通识汉语综合课，偏重听说
20	ESTAG（大学）	私立	卡拉维	非学历教育	通识汉语综合课，偏重听说
21	IANNANDJAAH 教育学院（大学）	私立	科托努	非学历教育	旅游汉语入门培训，偏重听说
22	孔院本部（大学）	公立	卡拉维	学历教育	汉语本科专业/汉语师范本科专业
23	阿大 FLASH 学院（大学）	公立	卡拉维	学历教育	通识汉语综合选修课，偏重听说

续表3-1

序号	汉语教学点（含本部）	学校/培训班性质	所在地	教学层次	教学课型
24	阿大 EPAC 学院（大学）	公立	卡拉维	学历教育	通识汉语综合选修课，偏重听说
25	阿大 ENAM 学院（大学）	公立	卡拉维	学历教育	通识汉语综合选修课，偏重听说
26	阿大新闻学院（大学）	公立	卡拉维	学历教育	通识汉语综合选修课，偏重听说
27	阿大旅游学院（大学）	公立	卡拉维	学历教育	通识汉语综合选修课，偏重听说
28	阿加拉人文艺术学院孔子课堂（大学）	公立	波多诺伏	学历教育	通识汉语综合选修课，偏重听说
29	帕拉库大学孔子课堂（大学）	公立	帕拉库	学历教育	通识汉语综合选修课，偏重听说
30	波依贡综合大学	公立	波依贡	学历教育	通识汉语综合选修课，偏重听说
31	UMID（大学）	私立	卡拉维	学历教育	通识汉语综合选修课，偏重听说
32	IUMA（大学）	私立	卡拉维、洛克萨、波依贡	学历教育	通识汉语综合选修课，偏重听说
33	City University（大学）	私立	波多诺伏	学历教育	通识汉语综合选修课，偏重听说
34	ESMER（大学）	私立	卡拉维	学历教育	通识汉语综合选修课，偏重听说
35	ESF（大学）	私立	科托努	学历教育	通识汉语综合选修课，偏重听说
36	IIM（大学）	私立	科托努	学历教育	通识汉语综合选修课，偏重听说

续表3—1

序号	汉语教学点（含本部）	学校/培训班性质	所在地	教学层次	教学课型
37	CEFODI 职业学院（高中）	私立	卡拉维、波多诺伏、帕拉库	学历教育	通识汉语综合选修课，偏重听说
38	FAUCON（高中）	私立	卡拉维	学历教育	通识汉语综合选修课，偏重听说

由表3—1可以看出，截至2019年年底，贝宁孔子学院的汉语教学以经济首都科托努、政治首都波多诺伏和中北部重镇帕拉库为支点，旁及阿波美、洛克萨和波依贡，公立学校和私立学校都有参与。从教学层次而论，贝宁孔子学院的汉语教育有学历教育，也有非学历教育。学历教育包括中学和大学其他学院本科专业的汉语选修课、大学汉语本科专业和汉语师范本科专业，集中在大学阶段；非学历教育包括学前教育和小学的汉语课、汉语培训班教育，集中在中学和小学阶段。从教学课型而论，贝宁孔子学院的汉语教学既有综合技能教学，又有专业技能教学；既有通识汉语教学，又有职业汉语教学；既有学校系统的儿童汉语教学、青少年汉语教学，又有面向社会的汉语教学。总体而言，稳定的汉语教学点集中在贝宁孔子学院本部及下属孔子课堂、中国文化中心和贝宁的大学。而随着中贝交流合作的加深，贝宁大学生学习汉语的需求越来越强烈，加上贝宁的大学有权自行决定是否将汉语作为学分选修课，因此大学一旦开展汉语教学，就能长期稳定下来。至于中学和小学，汉语教学点比较稳定的只有私立学校FAUCON、CEFODI和La paix，主要因为汉语还没有进入贝宁的国民教育系统，不像

英语、德语或西班牙语已成为中学阶段的备选外语。因此，贝宁的中学和小学能否长期稳定的开展汉语教学，往往取决于其校长对中国、对汉语影响力的认知。私立学校 FAUCON、CEFODI 和 La paix 的校长都曾访问过中国，对中国的发展留下了深刻印象，意识到汉语学习的重要性，所以长期和孔子学院合作开展汉语教学。

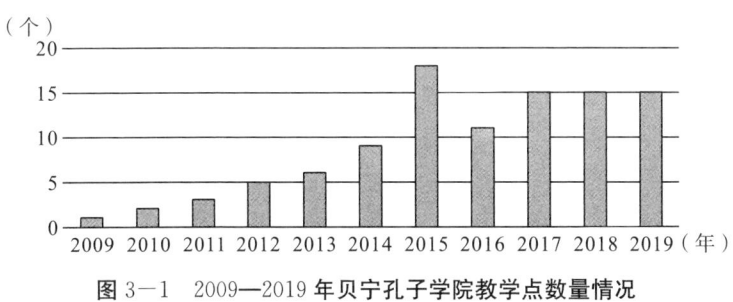

图 3-1　2009—2019 年贝宁孔子学院教学点数量情况

从图 3-1 可以看出，从 2009 年成立到 2015 年，贝宁孔子学院的汉语教学点呈稳步上升的趋势。尤其是 2015 年，数量比 2014 年翻了一倍，教学点达到 18 个。2016 年数量下降到 11 个，此后就稳定在 15 个。这种情况的形成主要有三个原因。一是孔子学院发展思路的变化。中国国家汉办明确了孔子学院未来发展要从"规模扩展"转变为"提质增效"，因此贝宁孔子学院从 2016 年开始渐渐严格规范教学点的管理，注重提升汉语教学质量，让品质好的教学点发挥示范作用。二是费用上的变化。为了促进贝宁汉语教学的开展，贝宁孔子学院和一些教学点特别是私立学校达成协议，免除 1 到 2 年的管理费。但是协议到期后，有的教学点因为不能继续享有这样的优惠而主动放弃了汉语教学。三是师资力量的不足。2016 年以后，贝宁孔子学院每年的中国老师不到 10 名，要同时开展汉语本科专业和汉语师范本科专业的专业教学,他们只能有选择地承担教学点的教学任务,这样和贝宁孔子学院有长期稳定合作关系的、比较规范的教学点自然成为首选。

二、贝宁孔子学院汉语本科专业教学[①]

贝宁孔子学院的本科专业包括 2013 年开始招生的汉语本科专业和 2016 年开始招生的汉语师范本科专业。两个专业学制均为三年,在校学习两年半,最后半年用于实习和完成毕业论文。学生都需要修读贝宁阿波美卡拉维大学规定的公共课程(法语和计算机),并通过考核,获得相应学分。两年半的在校学习期间,两个专业的学生需要共同修读 24 门必修课。另外,学生在第二学年需要根据专业各自选修 2 门课程,第三学年第一学期则各自选修 1 门课程(见表 3—2)。参照《汉语水平考试(HSK)考试大纲》《汉语国际教育用音节汉字词汇等级划分》和《国际汉语教学通用课程大纲》,结合学生实际和贝宁高教部的相关规定,贝宁孔子学院制定了两个专业的教学大纲(见表 3—3)。

[①] 贝宁孔子学院汉语本科专业包括汉语本科专业和汉语师范本科专业,为了行文简洁,下文若非必要,不特别点明。

表3-2 贝宁孔子学院汉语本科专业/汉语师范本科专业教学课程设置

学年	课程名称	总学时	学分	学年	课程名称	总学时	学分	学年	课程名称	总学时	学分
第一学年	汉语综合（一）	128	4	第二学年	汉语综合（二）	128	4	第三学年（第一学期）	汉语综合（三）	64	2
	日常汉语	64	2		中国概况	64	2		中级阅读	32	1
	初级口语	64	2		语言艺术	64	2		成语解读	32	1
	汉语正音	64	2		初级阅读	64	2		中国文化	32	1
	听歌学汉语	64	2		中级听说	64	2		写作	32	1
	汉字识写	64	2		当代中国史	94	3		语言与文学艺术	40	1
	初级听力	64	2		语言学动态和语言教学	66	2		中国文学（汉）	32	1
	中华文明	94	3		商务汉语（汉）①	64	2		汉语教学技巧（师）	32	1
	文化对比	94	3		工程汉语（汉）	64	2				
	语言学概论	40	1		汉语语法学（师）	64	2				
					汉语词汇学（师）	64	2				

① 表中"汉"代表"汉语本科"，"师"代表"汉语师范本科"。

表3-3 贝宁孔子学院汉语本科专业/汉语师范本科专业教学课程大纲

			第一学年	第二学年	第三学年
教学要求	教学目标		1.使学生掌握基本的汉语知识,具备初步的听说读写能力,能顺利完成日常生活的基本社交,初步了解中国国情和中国文化; 2.学年结束时,能够通过HSKK初级考试及HSK一级、二级考试,具备基本的自学汉语能力	1.使学生掌握一定的汉语知识,听说读写能力进一步提高,完成日常大部分交际任务,对中国国情和中国文化有一般性了解; 2.汉语专业和工程类汉语、商务类汉语专业的学生初步掌握汉语师范专业的学生系统掌握汉语词汇和一定的语法规律; 3.学年结束时,能够通过HSK三级考试及HSKK中级考试,具备一定的自学汉语能力	1.学生对汉语知识的了解更深入,听说读写能力得到强化,能顺利完成交际,能完成简单的话题讨论和演讲,能进行中贝文化的对比; 2.汉语专业的学生对中国文学有一定了解,汉语师范专业的学生掌握一定的汉语教学技巧; 3.学年结束时,能够通过HSK四级考试,完成毕业论文
	通用汉语知识	语音	掌握汉语拼音,能正确辨音和拼读,能用音序检字法查字典,日常会话中语音、语调基本正确	掌握语音流变对对话语的影响,日常会话中语音语调正确,自然	日常交际中能够避免语音偏误,表述自然流畅
		词汇	知道字词的区别,掌握常用词汇600个左右	掌握词语的组合规律及常用词汇1200个左右	掌握常用词汇1500个左右,了解汉语新词,能选择需要的合适词汇

续表 3-3

		第一学年	第二学年	第三学年
通用汉语技能	语法	能正确使用常用标点符号；掌握 HSK 一级、二级大纲里高频词汇的用法；能掌握并运用基本的语序、句型和特殊表达方式	掌握 HSK 三级、四级大纲里高频词汇的用法；能掌握并运用复杂句型和特殊表达方式	掌握 HSK 五级大纲里高频词汇的用法；能掌握并运用复杂句型和汉语的特殊句型
	汉字	掌握 300 个左右常用汉字的笔画笔顺和基本结构，初步辨别字的音、形、义	掌握 600 个左右常用汉字及汉字的结构规则	掌握 800 个左右常用汉字，形、音、义运用基本正确
	听	能正确理解与日常生活密切相关的简单话语	能听懂常见的交际性话语，抓住成段语篇的主要内容和关键信息	能听懂比较复杂的话语，明白说话人的意图
	说	能模仿造句，完成简单的日常交际	能就一般性话题与人交流，表述有一定的连贯性	能就一般性话题进行讨论，可以清楚表明观点、态度和理由
	读	能够正确理解基本汉字、词句或简短文字材料的意义	能看懂简短的书面材料，并抓住关键信息	能看懂比较复杂的长段话语，把握其重要事实和细节
	写	能够正确书写汉字，写一些简单的句子	能就熟悉的话题进行书面交流，掌握简单的应用文体	能就所听所读的材料进行总结、写出摘要；能语句通顺地撰写短文，进行描述或表达观点

续表3-3

		第一学年	第二学年	第三学年
专业汉语知识技能	汉语专业		能够掌握商务和工程领域的常用专业词汇,并熟练运用;能看懂一般性的商务文件和工程文件,并进行口头翻译	了解中国文学发展史,熟悉一些中国经典文学作品,尤其是当代文学作品
	汉语师范专业		能够对汉语常见语法现象和词汇运用做出说明,了解常见的汉语习得偏误	了解语言教学的一般原理,掌握对外汉语教学的各种方法技巧
中国文化类		了解有助于克服理解障碍的基本国情和文化常识	比较全面地了解中国国情和文化常识	了解中国历史和现实,了解中非交流概况

从汉语课程设置计划和大纲看,其教学遵循循序渐进的原则,课程衔接由浅入深,由易到难,配合汉语水平考试(HSK)及汉语水平口语考试(HSKK)标准的要求,清晰地列出了学生需要掌握的知识和应用技能,每一步教学目标都切实可行。根据教学目标,专业课程分为三大类:通用汉语知识技能类、专业汉语知识技能类和中国文化类,互为支撑。

通用汉语知识技能类课程在每一门课程中兼顾知识和技能,并根据课程的性质和具体要求各有侧重,采用"基于任务的汉语联动式教学模式"。以第一学年为例,各门课程重点和技能各有偏重(见表3—4)。"汉语综合"课负责教授相关的基础汉语知识,其余几门课授课时只需点到为止。如果其余几门课提供相应的各种形式的"听、说、读、写"技能训练,"汉语综合"课的训练就可以精简,侧重在知识训练上。这样安排主要是因为在非汉语环境下学习汉语,学生与现实语境是脱节的。为了利用有限的课堂学习时间尽量为学生营造出汉语学习语境,各门课程互相配合才能提高知识点的复现率,提高技能的应用率。第二学年和第三学年专业领域的汉语知识技能课程与通用汉语知识技能类课程相衔接,是对后者的进一步深化和细化。至于中国文化类课程,是与前两类课程教学需要以及贝宁孔子学院文化活动需求相配合的。

表3—4 第一学年汉语知识技能类课程教学重点

课程	教学重点	偏重技能
汉语综合(一)	基础汉语知识	读
初级口语	拼音和基本表达句式的口头练习	说
初级听力	辨音,常用词句听记	听

续表3—4

课程	教学重点	偏重技能
汉字识写	汉字基础笔画书写，常见汉字书写	写
汉语正音	纠音，拼音拼读及书写	听、读、写
日常口语	具体语境中词句的使用	说（会话）

三、贝宁孔子学院非汉语本科专业教学

贝宁孔子学院非本科专业汉语教学包括作为学历教育的汉语选修课和作为非学历教育的汉语培训课，一般为初级班或中级班，均为综合课，偏重听说，旨在培养学生的汉语基本技能和汉语交际能力。贝宁孔子学院本部和中国文化中心开设的汉语培训课是每周4学时，一年是128学时。其余教学点的汉语培训课每次开班学习时间为两个月，每周有3小时的课堂学习时间，汉语选修课一般也是如此行课。只有贝宁阿大EPAC学院的汉语选修课是每周2学时，一年共64个学时。其初级班的教学目标是以语言交际功能为导向，让学生掌握一些基本句型和常用对话，识读常用汉字，对书写不做硬性要求。其中级班的教学目标则是在初级班的基础上，进一步让学生掌握基础汉语知识，能够顺利完成日常交际，具备初步的书面交际能力。贝宁孔子学院非本科专业汉语教学要求见表3—5。

表 3-5　贝宁孔子学院非本科专业汉语教学要求

		初级班	中级班
汉语知识	语音	学习汉语声母、韵母和声调，初步掌握变调、轻声词和儿化词，朗读和说话时语音基本正确	能正确辨音和拼读，能用音序检字法查字典；日常会话中语音、语调基本正确
	词汇	知道字词的区别，掌握常用词汇150个左右	掌握词语的组合规律，以及常用词汇300个左右
	语法	能正确使用常用标点符号，掌握汉语水平考试（HSK）一级大纲里高频词汇的用法；能掌握并运用基本的语序和句型	掌握汉语水平考试（HSK）二级大纲里高频词汇的用法，能掌握并运用常见句型和表达方式
	汉字	掌握50个左右常用汉字，初步了解汉字的笔画和书写顺序	掌握100个左右常用汉字，初步了解汉字的结构规则
汉语技能	听	能正确理解与日常生活密切相关的简单话语	能听懂常见的交际性话语
	说	能模仿造句，完成简单的日常交际	能完成一般性交际，表述连贯
	读	能够正确理解基本词句意义	能看懂简短的书面材料
	写	能够按正确书写顺序写一些简单的汉字	能够写一些简单的句子
中国文化知识		了解有助于克服理解障碍的基本国情和文化常识	

四、贝宁孔子学院汉语教学效果

教学效果主要从教学过程和教学考核两方面来考察。对于教学过程，我们将在"贝宁孔子学院汉语教学课堂环境"中详细论及，此处主要讨论教学考核情况。

贝宁孔子学院本科专业每学期都会进行期末考试，最后的总评成绩按"平时成绩30%＋期末成绩70%"的比例计算。根据贝宁高等教育部的规定，本科专业学生在进行论文答辩之前，每门课的考试都应通过并达到学校所规定的学分。通过答辩后，学生可获得学士学位。贝宁阿波美卡拉维大学的平均毕业率约57.4%，而贝宁孔子学院的平均毕业率约70%。① 2010—2019年，贝宁孔子学院共有140名学生获得各类奖学金前往中国留学。2013年以来，其学生就业率接近100%，工资收入远超贝宁平均水平。根据2018年富兰克（AKAYI Franck-Arnaud Tètè）所做调查，贝宁孔子学院绝大部分本科学生对汉语教学是满意的。②

2011年10月起，贝宁孔子学院每年举办两次汉语水平考试（HSK）；2013年开始，增加了每年两次的汉语水平口语考试（HSKK）。由于考试面向所有汉语学习者，又是标准化考试，其结果可以作为贝宁孔子学院整体教学效果的一个重要参考。贝宁孔子学院HSK和HSKK考试人数变化如图3－2所示，贝宁孔子学院2011—2019年教学点数量变化如图3－3所示。

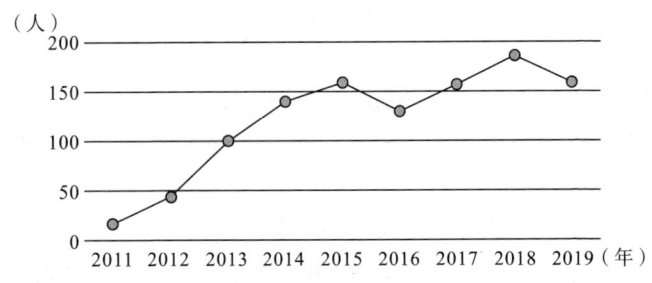

图3－2　贝宁孔子学院HSK和HSKK考试人数变化

---

① 有些学生未能毕业是因为欠缴学费。
② 富兰克（AKAYI Franck-Arnaud Tètè）：《贝宁汉语教学现状调查分析及对策研究》，四川师范大学硕士学位论文，2018年。

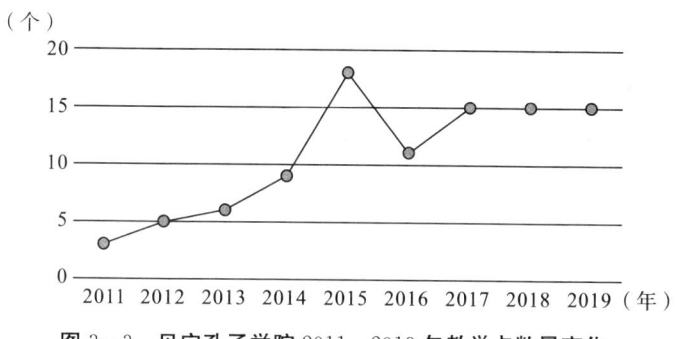

图 3-3 贝宁孔子学院 2011—2019 年教学点数量变化

对比图 3-2 和图 3-3，我们发现 2017 年以前考试报考人数随着教学点的增减而增减，而 2017 年之后随着贝宁孔子学院汉语教学转向提质增效，二者关联就没有那么紧密了。贝宁孔子学院 2011—2019 年 HSK 和 HSKK 考试情况见表 3-6。

表 3-6　贝宁孔子学院 2011—2019 年 HSK 和 HSKK 考试情况

（合格人数/报考人数）

年份 考试类别	2011	2012	2013	2014	2015	2016	2017	2018	2019	合格率（%）
HSK 一级	6/6	7/9	7/11	4/14	1/2		6/7	5/6	1/4	63
HSK 二级	8/8	27/35	47/72	56/66	40/49	18/25	22/31	26/40	28/41	74
HSK 三级	1/1		15/15	19/25	36/46	22/32	25/32	35/49	27/42	74
HSK 四级	0/1		2/3	7/12	16/19	19/27	22/38	32/42	20/31	72
HSK 五级	1/1			1/1	1/1	5/7	8/16	4/9	4/8	56
HSK 六级						0/1	1/4	1/1	1/2	33
HSKK 初级			9/9	17/19	23/23	10/12	3/4	5/6	2/2	92
HSKK 中级			0/1	1/3	13/18	23/25	15/20	33/40	22/28	79
HSKK 高级						1/1	5/5		0/1	88

从表 3-6 可以看出，汉语水平考试二级至四级、汉语水平

口语考试初级和中级的报考人数较多，合格率也较高，这表明贝宁孔子学院很好地达成了教学目标。汉语水平考试（HSK）一级和汉语水平考试（HSK）五级的报考人数都不多，合格率也不是非常高。前者主要是因为大部分学习者希望在进一步学习后直接报考汉语水平考试（HSK）二级；后者主要因为报考者是少数学有余力的学习者，他们是在贝宁孔子学院中国教师指导下进行自学的。报考汉语水平考试（HSK）六级和汉语水平口语考试（HSKK）高级的则是在中国留过学的学习者，HSK六级合格率较低，HSKK高级合格率非常高，这从侧面表明贝宁学生在学习汉语时听、说能力明显强于读、写能力。

第二节　贝宁孔子学院汉语课堂教学环境

一、硬件环境

总体而言，贝宁孔子学院汉语教学的硬件环境有待改善。

贝宁孔子学院本部在阿波美卡拉维大学校园内，目前一共有6间专用教室，支撑着学院两个本科专业三个年级以及汉语培训班的教学工作。6间教室只有一间是常规教室，有一套2014年安装的多媒体教学设备，能容纳70人，兼作文艺演出排列室。其余5间都是板房，最大的一间板房可容纳100人，其次可容纳40人。其余3间板房，每间只能容纳15人，其中一间用作中文资料阅览室和学生自习室，有一台电脑供学生观看音像资料。受限于教室容纳度，2018年起本部对报名人数进行了限制。而本部外的汉语教学基本就依靠黑板和粉笔，个别教学点有白板和白板笔。因为所有教室都无网络，视听教学只能依靠孔子学院的一台移动投影仪和便携式数码扩音器。2019

年，本部语音室安装到位，但只有 24 座，只能作为视听教学辅助。

图 3-4　贝宁孔子学院课堂教学环境

二、软件环境

硬件环境的不足只能依靠软件环境来弥补，贝宁孔子学院在这方面做了很多努力，也取得了不错的成绩。

第一，行政管理机构运行良好。贝宁孔子学院现在由贝宁阿大校长直接管辖，具体运行由贝宁政府任命的贝方院长和孔子学院总部任命的中方院长共同领导。自成立以来，于连教授（Julien G. Sègbo）一直担任贝方院长。于连院长毕业于武汉大学生物化学专业（博士研究生），曾在中国生活、学习、工作了十多年，对中国非常了解，因此和历任的中方院长一直合作无间，保证了学院行政管理机构高度的稳定性和连续性。除院长外，贝宁孔子学院还有四名行政人员，分别是秘书、助理秘书、会计和司机。贝宁孔子学院制定了规章制度文件，明确了行政人员的职责，规范行政管理事务。因此，虽然贝宁孔子学院行政人员数量少，但有贝宁阿大各个部门和学院的积极支持和配合，有中方教师、志愿者与本土汉语教师的积极参与，目前行政管理机构运营良好，有效保障了汉语教学的持续发展。

第二，不断完善教学管理制度。贝宁孔子学院制定了相关教学管理文件，包括《教学工作规范》《调课、停课管理规定》《课程评价反馈制度》《课程安排管理办法》《教学质量管理评估办法》等。这些文件的制定和实施，明确了学院的教学工作目标，确保按照培养目标的要求开展教学活动，并加强了对教师教学质量和学生学习质量的管理。一旦发现教学中存在的问题，就可以及时查找原因，提出针对性的建议，保证学院教学工作有计划、有步骤、有条不紊地持续运转。

第三，采取多样化教学模式建设高效课堂。虽然教学的硬件环境十分有限，但贝宁孔子学院的汉语教学模式并不单一，而是在考虑实际教学条件的基础上针对不同的教学内容选择与教学目标相契合的教学模式。贝宁孔子学院所有汉语教学都以"传递—接受式"为基本教学模式。其优点是学员能在短时间内接受大量信息。其基本教学程序（复习旧课—激发学习动机—讲授新课—巩固练习—检查评价—间隔性复习）也能在一定程度上约束比较散漫的学生，强化教学纪律。同时，这种模式所需的教学辅助，如课本、黑板、粉笔、挂图、模型、投影仪等，都是贝宁孔子学院现有或在贝宁易于购买的。因此，除了"汉语综合""汉语词汇学""汉语语法学""HSK考试培训"等讲解性内容比较多的课程，其他课程也以此模式为基础。不过，该模式"单一传递""满堂灌"的缺点也很明显，所以不同课程也因"课"制宜，增加了其他教学模式，经教学实践证明，有效且方便的模式主要有以下四种：范例教学模式，这种模式一般是与"传递─接受式"教学模式配套进行的；概念获得模式，这种模式主要用于概念性知识比较多的课程；现象分析模式，这种模式主要用于文化类课程，一般配以音像资料；合作学习模式，这种模式主要用于偏重技能的课程。

比如，"汉语词汇学"课程中，教师在讲解"名词"时先界定"名词"的概念，确定"名词"的属性，然后通过肯定和否定的例子将学生导入概念化过程。待学生有一定了解后，教师就提供例句在课堂上讨论，强化学生对概念的理解。最后，通过课后练习，教师帮助学生巩固、拓展知识。整个教学过程是融合了多种教学模式的。

第四，加强师资队伍培训。高效课堂教学环境的营建，最重要的一个因素就是教师，因此贝宁孔子学院非常重视对师资队伍的培训。这一点我们将在下文"贝宁孔子学院汉语教学师资情况"中详细论及。

三、延展的课堂教学环境

除了课堂，贝宁孔子学院汉语教学还有另外两种重要方式，即与课程教学紧密结合的中国文化活动，与就业紧密结合的实习。这两种方式在非汉语环境下为学生提供了真实的语境，能够让学生活学活用、学以致用。

(一) 课程教学和中国文化活动紧密结合

在贝宁孔子学院本科课程设置中，每个年级都设有与中国国情和中国文化相关的课程。考虑到学生的汉语水平，为了帮助他们更好地理解，一年级的"文化对比"和"中华文明"两门课由贝宁老师用法语讲授；二年级开始就汉语、法语同步，"中国概况"由中方老师用汉语讲授，"当代中国史"由贝宁老师用法语讲授；三年级则由中方老师用汉语讲授"中国文化"和"中国文学"两门课。在其他非文化类课程教学中，教师也会根据教学内容安排恰当的文化内容。同时，贝宁孔子学院和中国文化中心所组织的不定期的中国文化活动则为学生提供了实践和交流的机会。

截至2019年，累计组织了约200场文化活动，约40000人次参加。这些活动中有传统节庆活动，有知识技能竞赛活动，也有讲座、研讨会等活动。其中，传统节庆活动主要以春节、清明、端午、中秋四大节日为契机开展活动。这些节日的历史、风俗、人情等都是文化课程讲授的内容，学生通过参与节庆活动，加深了对中华文化的了解；知识技能竞赛活动，如"汉语桥"竞赛，融汉语知识、文化知识和文化技能为一体，以竞赛的形式促使学生更好地掌握所学知识；讲座、研讨会类的活动，如"发现中国"系列讲座，可以帮助学生深入了解中国社会和中国文化。

图3—5　贝宁孔子学院学员文艺表演

（二）实习和就业紧密结合

近年来，越来越多的中国企业来到贝宁开展业务。它们的业务领域不同，规模不一，但是都需要与贝宁当地合作公司或客户沟通，需要了解贝宁的风土人情、法律法规，因此对法汉翻译、营销员、管理员和技术员的需求较大。而贝宁孔子学院汉语本科专业和汉语师范专业明确规定，三年级的学生在毕业前的最后一个学期必须实习。这种双向的需求使贝宁孔子学院和驻贝中国企业之间逐渐形成了互赢合作的模式。比如，贝宁孔子学院的实习生可在工程公司担任中国技术员与当地工人之间的翻译员，能担任中贝贸易商的翻译，也能帮助中国贸易商寻找货源、考察市场和推销商品，帮助中国企业管理当地员工。这样，一方面，学生通过实习能将课堂上学到的知识活学活用，并学到相关的职业技能；另一方面，方便中国企业考查学生，有些学生就因实习中表现良好而直接被聘用。贝宁孔子学院汉语培训班的学员只要有一定的语言水平，同样可以获得在中国企业实习或就业的机会。我们以和贝宁孔子学院长期合作的贝宁中国经贸发展中心为例。该中心每年在贝宁举办贝宁（西非）中国商品展，许多中国企业前来贝宁参展，寻求合作客户，贝宁孔子学院的学生们则一直在展销会中充当翻译或营销员。除了中国企业，贝宁孔子学院学生也在贝宁的一些企业实习，专门负责处理和中国有关的事务。此外，贝宁孔子学院汉语师范专业的学生在本部以外的教学点实习，不仅可以提升汉语教学技能，积累汉语教学经验，而且实习评价合格的话可以直接在该教学点任教，这既解决了学生的就业问题，又缓解了汉语师资不足的困难。

第三节　贝宁孔子学院汉语教学师资情况

一、贝宁孔子学院汉语师资情况分析

贝宁孔子学院汉语师资由学院总部派出的中方教师、志愿者和贝宁本土师资组成。总体而言，贝宁孔子学院的师资无法完全满足汉语教学的要求，尤其是汉语本科和汉语师范本科专业的需求。教师基本集中在科托努，贝宁公共交通基础设施又不发达，导致远一点的教学点师资更为紧缺，如帕拉库孔子课堂目前只有两名兼职的本土教师。

截至 2019 年年底，贝宁孔子学院先后有 13 名志愿者[①]、18 名中方教师[②]任教，一半来自合作院校重庆交通大学，一半来自其他院校，学历以本科为主，专业主要为外国语言文学、中国语言文学、汉语国际教育和新闻传播学。志愿者多为本科毕业生，个别为硕士研究生；教师以中级职称、副高职称为主，平均年龄在 35 岁左右。中方教师和志愿者的任职资格都是经过贝宁孔子学院总部考核的，并且在赴任前要接受两个月的强化训练。中方教师主要负责汉语本科专业和汉语师范本科专业的汉语教学，以及贝宁阿波美卡拉维大学其他学院的汉语选修课的教学。本部外的教学点，中方教师则主要在贝宁中国文化中心和与贝宁孔子学院有长期合作的学校任教。贝宁孔子学院中方师资最多的时候有 10 人，最少的时候有 5 人。按照贝宁孔子学院总部规定，中方教师一般任期为两年，志愿者一般任期为一

---

① 其中有 3 名志愿者后来转为教师。
② 贝宁中国文化中心的 2 名公派教师也是由贝宁孔子学院总部派出，负责孔子学院的部分汉语教学，因此将其计入。

年，可延续一个任期。中方师资队伍流动性大、不稳定，造成了教学进度衔接上的麻烦，师生之间也需要重新适应；另外，每位中方教师至少承担3门课，课程横跨不同年级、不同层次，不利于汉语教学质量的提高。因此，贝宁孔子学院的持续发展不能仅仅依靠短期在贝宁执教的中方教师，必须依靠贝宁本土教师。

相比中方师资，贝宁本土师资明显有着先天优势。他们更知晓当地的教育政策，更了解学生的学习心理和学习背景，更容易和学生沟通交流。所以，一直以来，贝宁孔子学院就在致力于建设一支稳定的本土师资队伍。建院伊始，贝宁孔子学院就和贝宁留华学生会合作，挑选合适的留华归贝人员担任兼职汉语教师。此后，又先后推荐了10名学生前往中国攻读汉语国际教育硕士学位。遗憾的是，这些学生归贝后并没有留存贝宁孔子学院从事汉语教学工作，主要原因在于收入的差异：非洲大陆其他国家或地区的孔子学院或中国公司的薪酬（月工资1000美元）与阿波美卡拉维大学的薪酬（月工资500美元）差距很大。2015年10月，贝宁孔子学院汉语师范专业开始招生，系统地培养本土汉语教师。2019年第一届毕业生已在教学点任教。目前，本土教师稳定在10人左右，其中2名被大学聘用为全职教师，其余是兼职教师，主要承担汉语培训班的教学任务。这10名教师中，9名曾有过留华学习经历，只有3名专业与汉语教育有关。整体来看，贝宁汉语老师在课堂上比较多地依赖法语翻译，逐一对教材的内容进行解释，在课堂上开展的汉语活动很少。比如，在教授新词汇时，贝宁汉语老师大多是用备课时写好的句子举例，并一一用法语解释，然后让学生抄写，很少让学生举例或与教师用汉语交流对话。课程结束之后，贝宁汉语老师也会布置一些作业，但大多为教材后面的习题。这种方式的好处是，教材的内容都得到了细致讲解，有助于零起点的学生打下扎实的汉语基础。缺点也很明显，由于过多依赖法语解释，教学中注重"教"和"练"，而最重要的"用"少了很多，这就导致很多学生很难跳出课本，语言的实际应用能力不高。

二、贝宁孔子学院汉语师资培训情况分析

从贝宁孔子学院现有汉语师资情况来看，中方和贝方教师都缺乏在非目的语环境下进行对外汉语教学的经验。此外，贝方教师缺乏汉语的基础语言知识，中方教师不稳定……凡此种种，均要求学院不断对教师进行培训。

贝宁孔子学院自成立以来，一直在开展汉语教师系列培训，内容涉及汉语教材使用培训、教学管理制度培训、汉语教学规范培训、汉语水平考试（HSK）辅导培训、汉语知识培训及汉语教学技能培训等。针对中方教师的不稳定性，贝宁孔子学院还制定了"以旧带新，集体研讨"的教研制度。每月召开一次专业教师的工作会议，共同探讨教学相关问题，提高教学水平。不同类型的课程由有经验的教师担任负责人，集体备课，交流互助，帮助新任课教师尽快适应教学环境和教学模式，从而保障教学质量。同时，贝宁孔子学院基本上每年会选派2～4名本土汉语教师赴华参加学院总部举办的海外汉语教师培训班或贝宁中国文化中心海外汉语教师研修班。不仅如此，2015年贝宁孔子学院还专门邀请了重庆交通大学长期从事汉语教学和管理的老师前来进行专场讲座。这些培训使贝宁孔子学院能够拥有一支稳定的、教学质量可靠的本土教师队伍。

贝宁孔子学院开展汉语教师培训是为了建设高效课堂，提高教学质量。高效课堂就是学生主动学习、积极思考的课堂，是师生互动、生生互动的课堂。在循序渐进的语言学习中，想要保持课堂教学的高效率就必须营造良好的课堂人际环境。有效的课堂管理必须以良好的师生关系为基础，师生关系对师生行为、整个课堂心理环境以及课堂教学效果都具有深刻的影响。根据贝宁汉语教学的实际情况，贝宁孔子学院的师资培训主要集中在以下四方面。

第一，根据教学的需要合理设计"教"与"学"活动。贝宁孔子学院多层次、多需求的汉语教学体系决定了没有一个教学目标体系可以将之覆盖，它所拟定的教学目标只能是指导性的。教师要能够依据课程标准要求和学生的实际情况，科学、合理地确定具体的教学目标。比如，同样是汉语选修课，同样的学时，新闻专业和旅游管理专业的需求不一样，教师要结合汉语教学适当加入一些专业内容。同时，因为教学目标的预设与课堂的实际情况不可能完全吻合，所以教师在教学过程中要对教学目标做出适时调整，最大限度地面向全体学生，更好地体现出教学目标的适切性。又比如，同样是"中国概况"课，不同届的贝宁孔子学院本科学生汉语基础存在差异，同一届的学生也会存在差异，因此教师要根据实际调整课堂教学目标。

第二，改变教学观念，改进教学行为，更加合理地设计教学环节。教师要重视教学活动中学生的主体性，重视学生对教学的参与，逐步强化培养学生的自主学习能力。在教学中，教师要控制讲授时间，避免"满堂灌"，能够安排有层次、有梯度的作业习题对课堂教学内容进行当堂训练，有意识地把更多的时间留给学生去思考、练习、表达。尤其在非汉语环境下，创设学生乐于交流的汉语学习现实场景是一种非常有效的手段。贝宁孔子学院要求教师可以根据不同的教学目标、教学内容和教材特点，虚拟各种场景，让学生练习多种表达方式，如角色扮演、看图说话、内容复述、争论辩论、短剧表演等。

第三，营造宽严有度的课堂气氛。有人认为，"课堂纪律应是教师与学生共同创造的一种十分宽松、和谐的氛围"。不可否认，开心愉快的学习环境确实有助于提高学习效率。但是，学习从来不是一件轻松愉快的事，因此需要因势利导，不能偏颇。贝宁的学生课堂纪律感并不强，整体表现松散、懈怠，因此教师要加强管理。同时，为了营造学生敢于交流的心理环境，教师也需要适时把握和调整课堂气氛。一般来说，贝宁的学生敢开口说、开口问，是非常有利于汉语学习的，但他们易于兴奋，教师需要把控节奏，避免因时间失控而无法完成教学任务，或出现跑题现象。需要注意的是，部分学生因为性格害羞、内向，不太容易主动开口，所以需要教师多加注意，消除其紧张心理，有意识地鼓励这些学生多多交流。

第四，教学中适时适度地跟进、反馈。除了以练习、作业、考试的方式及时跟进学生进度并做积极反馈，教师对学生的主观态度和评价标准也尤为重要。贝宁的学生普遍重视个体体验，因此教师在教学语言、体态和评价上要格外注意，传达一种鼓励和肯定的信息，让他们感受到教师的关注，化消极被动为积极主动，增加克服困难的信心，增强语言学习的交际欲望。不过，贝宁的学生一般都很自信，尤其是学有初成的时候，因此教师的鼓励和肯定要注意把握"度"。另外，贝宁汉语教学中经常会出现类似"复班式"教学的情况。这一方面是有的教学点只是根据学习时长分班，并没有考虑到学生的汉语水平；另一方面，学生在学习一段时间后，因种种原因而造成两极分化。因此，教师对基础不同的学生要有意识地进行分别指导，尽可能地顾及所有学生。

第四节　贝宁孔子学院汉语学员情况

一、贝宁孔子学院汉语学员的基本情况

截至 2019 年，贝宁孔子学院注册学员已由 2009 年的 70 多人增加至 4000 多人，生源数量呈现总体上升的势头。同时生源地域分布不均衡，大部分集中在科托努、卡拉维，其次是阿加拉人文艺术学院孔子课堂所在地波多诺伏和帕拉库大学孔子课堂所在地帕拉库。

非学历教育主要是在贝宁孔子学院本部和贝宁中国文化中心的汉语培训班进行，学员身份多样，包括学生、海关人员、税务人员、商人、工程师、律师及政府官员等。中小学生及学龄前儿童人数变化很大，其原因是汉语并未进入贝宁的国民教育体系，学生参加汉语培训大多是由于学校或家长认识到汉语的重要性而要求其学习。

学历教育的学生包括将汉语作为学分选修课的大学生和高中生，以及贝宁孔子学院汉语本科专业的大学生。前者数量逐年上升，后者数量则有增减。2013 年汉语本科专业启动时，他国留学生与贝宁籍学生享受同等待遇，注册费为 1.5 万西非法郎，学费为 10 万西非法郎。同一时期，西非经济共同体其他国家留学生注册费是 24 万西非法郎，学费是 10 万西非法郎。2015 年 10 月，学校要求孔子学院对新的留学生按西非经济共同体规定收费，所以大部分前来报名的他国留学生，特别是尼日

利亚留学生便放弃了。但之后，越来越多的贝宁学生开始报名学习汉语专业，甚至在2019年贝宁孔子学院限于教学条件不得不限制了报名人数。总体而言，汉语越来越受到重视，参加汉语培训和将汉语作为学分选修的大学生越来越多。

  在教学活动中，学生才是主体，教师水平、教学内容、教学方法、教学设备等对学生来说虽然重要，但终究是外因，最终还是要靠内因起作用。2018年，按照是否学历教育、学习阶段和是否汉语专业的排序标准，我们将贝宁孔子学院的学员划分为不同的学习群体，并对每个群体随机抽取了100人（不足100人的，统计时按百分比换算），对其学习动机、学习难点及学习策略做了抽样调查①，调查结果如下（见表3—7）。

---

① 调查问卷见本书附录。

表3-7 2009—2019年贝宁孔子学院学员分布情况

时间（年） 学习群体（人）		2009	2010	2011	2012	2013	2014	2015	2016	2017	2018	2019
非学历教育	社会成员			20		420	420	328	335	356	530	227
	中小学生					20	105	751	357	970	420	80
	大学生	75	210	306	853	2610	2790	2410	1452	1250	1250	
	学龄前							18		60	60	
	汉语选修 （大学生+高中生）				60	60	133	236	761	1567	1776	3230
学历教育	汉语专业大学生 一年级					32	65	35	30	78	71	159
	二年级						60	55	25	45	45	75
	三年级						15	8	40	50	65	60
总 数		75	210	326	913	3142	3588	3841	3000	4377	4217	4131

二、贝宁孔子学院汉语学员的学习动机

"动机"一词源于拉丁文 Movere,意即"推动"。霍斯顿认为,动机指在自我调节的作用下,个体使自身的内在要求(如本能、需要、驱力等)与行为的外在诱因(目标、奖惩等)相协调,从而形成激发、维持行为的动力因素。[①] 这一定义揭示了动机的实质,认为动机是内在和外在相结合的产物。根据不同的标准,动机有不同的分类,其中有两种分类使用广泛。一种分为融合型动机和工具型动机,另一种分为内部动机和外部动机。认知评价理论认为,凡是能满足人类能力需要的外在事件,如报酬、反馈、奖励、避免批评等,都能够增强行为的内在动机。动机具有多重复杂性,因为它是刺激和行为的中介变量,刺激单元和行为单元并非一一对应。一种刺激单元可能引起一种或几种行为单元,也可能根本就没有引起行为反应,而一种行为单元可能由一种或几种刺激单元引起。

动机总会与特定的实践活动相联系。学习动机是指引发与维持学生的学习行为,并使之指向一定学业目标的一种动力。就学习汉语而言,融合型动机指学生对汉语、中国及其文化感兴趣,迫切希望有机会接触中国社会、了解中国文化,由此而产生的学习需求。工具型动机指学生设定了学习目标,希望通过学习汉语而满足自身的某种需求。内在动机的特点是学生因自身的喜爱或兴趣而学习汉语,外部动机的特点则是学生因外部因素而学习汉语。下面我们结合 2018 年对贝宁孔子学院汉语学生的调查结果(见表 3—8),来分析他们的学习动机的特点。

[①] 约翰·P.霍斯顿:《动机心理学》,孟继群、侯积良译,辽宁人民出版社,1990 年版。

表3-8 2018年贝宁孔子学院学员学习动机

(单位:%)

动机选项 \ 学习群体	社会成员	非学历教育 中小学生	大学生	学龄前	高中生/大学生(学分选修)	汉语专业一年级	汉语专业二年级	汉语专业三年级
1.满足学校的要求		100	100	65	100			
2.我父母的要求		10		25		14		
3.我朋友的影响	6		15		35	14		
4.就业的需要						100	100	100
5.工作的需要	26							35
6.可以去中国留学	22					43	40	100
7.可以从事与中国有关的工作	10					100	100	40
8.对汉语及中国文化感兴趣	35					14	37	100
9.可以和中国人顺利交往	10					100	100	28
10.可以更深入地了解中国文化							20	

从各种动机在学习群体中的分布比例看，整体而言，贝宁孔子学院学员学习汉语时，其工具型动机远远超过融合型动机，外部动机远远超过内部动机。不过，每个群体的学习动机呈现出不同的特点。从表3—8可以看出，在非汉语专业的学习者群体里，"社会成员"的学习动机最为多样化，前文提到的四种动机类型都有；其余学习者群体的动机类型就比较单一，都是工具型动机、外在动机。因为前者成员身份多样，后者都是在校学生。因此，对于后者，"满足学校要求"是最重要的动机。中小学生和学龄前儿童由于年龄小，会受父母的影响；有的大学生则还会受到朋友的影响，比如朋友选修了汉语、朋友曾经学过汉语或者朋友曾经去过中国等。贝宁孔子学院汉语专业三个年级的学生的动机呈现多样化的特点。一年级学生的动机基本上是工具型动机、外在动机，二、三年级学生则四种动机类型都有。非常明显，三个年级的学生都把汉语作为工具，希望通过学习汉语满足就业、留学等外在需求。不过，随着汉语水平的提高，他们与中国文化接触得越来越多，二、三年级学生的学习动机发生了变化，不仅把汉语作为工具，还希望了解汉语所承载的中国文化、了解中国社会。

就个体而言，贝宁汉语学习群体中，学习动机相对单一的是中小学生、学龄前儿童和非汉语专业的大学生。他们学习汉语要么是完成学校规定的外语学习，要么是因为学校觉得汉语有用而安排了这门课程。他们自己很难将汉语和学校以外的需求联系在一起，也很少有机会接触中国人或者了解中国，其动机主要就是"满足学校要求"。社会成员和贝宁孔子学院汉语专业的大学生学习汉语的动机则是混合型的，而且随着学习过程可能会有所变化。比如，贝宁中国文化中心有一名学员，为在贝宁的中国企业担任翻译十多年，他来学习汉语是想提高自己的汉语读写能力，了解中国经济的发展情况，既能满足中国企业对贝宁本土翻译更高的需求，又能让自己和中国企业领导、同事交往更顺利。而和他同班的另一位学员，是贝宁一名著名摄影师，曾经去中国参加过摄影展。她学汉语的目的是希望能更方便地和中国同行交流，更多地了解中国的文化艺术。至于贝宁孔子学院汉语专业的学生，三个年级的学生都希望学习汉语能帮助自己就业[①]，帮助自己去中国留学。只是随着学习难度的增加，持有"可以去中国留学"动机的学生比例有所下降。随着贝宁孔子学院和贝宁中国文化中心多年来对中国文化的传播，一年级新生中也有人学习汉语是因为对汉语和中国文化感兴趣。随着文化类课程的学习，持有这种动机的学生人数逐年上升。同时，二年级和三年级中学有余力的学生还希望更深入地了解中国文化。

三、贝宁孔子学院汉语学员的学习特点

（一）贝宁孔子学院汉语学员的学习习惯

我们在研究贝宁孔子学院汉语学员学习习惯的时候，除了发放调查问卷，还对被调查者及其任课教师进行了访谈，做了课堂观察，三者结合，互相验证，从而保证了调研结果的可靠性。

非贝宁孔子学院汉语专业的学习群体都不会制订学习计划，"社会成员"群体会有少数人做课前预习，但预习时也不会做笔

[①] "可以从事与中国有关的工作""可以和中国人顺利交往"这两个动机选项是与学生的就业密切相关的。

记。这是因为他们的汉语水平往往都是零起点，大多数都是初次接触汉语，还不了解汉语。汉语专业一年级学生刚入学的时候，也不会制订学习计划。经过老师的指点和帮助之后，随着汉语水平的提高，约20％的学生习惯经常制订学习计划，超过一半的学生会偶尔制订学习计划。这个比例和做课前预习的学生比例基本吻合。不过，学生预习时始终不习惯做简单的笔记和记号，只有少数学生偶尔会做。这表明学生还不具备自行判断学习重点和难点的能力。三个年级都有既不制订学习计划，又不做课前预习的学生，他们的汉语成绩排名普遍靠后，有的甚至垫底。

  从调查情况来看，所有的学生都认为自己上课是认真听讲的。不过，结合对任课教师的访谈、学生上课时做笔记的情况以及上课回答问题的正确率，我们认为这个数据其实是不可靠的。就课堂表现而言，部分学生主动学习、表现积极，还有相当一部分学生则表现出较强的依赖性，不愿动手动脑，仅满足于听教师的课堂讲解。通过观察同一课型不同授课老师的教学课堂，我们发现教师的作用非常关键。如果教师引导有方，大多数的学生会积极主动地回答老师的问题，也喜欢与同学合作。虽然有些学生性格内向，主动性稍弱，但是如果遇到问题，也不会羞于向教师请教。只是因为汉语水平局限，能够提出问题的学生不太多。

  课后，大部分学生都能进行复习，并按时完成作业。学龄前儿童比较特殊，课后没有复习。关于"是否会抄袭作业"，所有的学生都选择"不会"。不过，从收集到的学生作业情况看，相当一部分存在明显的抄袭痕迹。如果学生跟不上课程，除非贝宁孔子学院或者教师主动安排，否则他们自己不会向教师提出补课要求。他们认为跟不上课程是自己的原因,即使自己很想补上,学院或教师也没有义务为他们单独补课。

所有的学生都很重视教师的反馈,他们觉得教师尤其是中方教师的表扬会增加他们学好汉语的信心。访谈中,年龄越小的学生这一点表现得越明显。几乎所有的学生都认为不会因为短时期内汉语水平提高不大或者落后于其他同学,就放弃学习汉语。调查中,只有社会成员中有些人认为"自己会再坚持一段时间,看情况而定"。不过,根据我们的访谈,其实有相当一部分学生是想放弃学习的,只是因为现实的需要,只能坚持下去,这就是心理学上提出的"习得性无助"。布卢姆曾指出:"据我们看,如果学生发现他的努力有所得益,便可能在一定的学习任务中花更多的时间;反之,如果学生在学习中受到挫折,他们必然会自卫性地减少学习时间。尽管学生受到程度不一的挫折,但我们相信,如果学生们对一项任务极为厌烦的话,他们迟早都会放弃的。"[①] 习得性无助论认为,当个体觉得无论付出多大的努力都不足以改进自己在该活动中的表现时,他就会消极应付或者干脆退出该活动。贝宁孔子学院有一些学生因汉语水平进步不明显已心理受挫,但由于现实需要还得强迫自己继续学习,从而产生了抵触心理,对汉语学习的兴趣大大降低,学习效果越来越差。

总体而言,社会成员和汉语专业学生的学习习惯要比其他学习群体好。这主要是因为社会成员和汉语专业学生的学习动机多样化、呈混合型,外在的满足工作、就业等需求与内在的

---

① B.S.布卢姆:《教育评价》,邱渊、王纲等译,华东师范大学出版社,1987年版,第83页。

对汉语、中国的兴趣互相转化，不仅使学生拥有持续学习汉语的动力，而且保证了学生在教师指导下进行自主性很强的学习。而其他学习群体的动机很单一，主要为外部动机"满足学校要求"。这种外部动机短时间内如果取得明显成果，就可以维持较长时间，否则很难持久，教师可通过开展社会和文化活动，让他们了解中国和贝宁在不同领域的合作，清楚地告诉他们学习汉语对自身生活的重要性。

当然，学生的年龄也是不可忽视的原因。18岁以下学生的认知特征以形象思维为主导，注意力不易集中且持续时间不长，自律性较弱，因此如果教学内容生动形象、有趣味，课堂活动形式多样，学生就会有较强的学习积极性。而18岁以上学生则具备多种思维能力，注意力更容易集中且可持续较长时间，自律性较强，因此如果教学兼顾了理论系统讲解和相应操练活动，更容易被学生接受。

此外，教师在贝宁孔子学院汉语学生的学习习惯养成方面有非常重要的作用。教师因材施教，能帮助学生了解课程学习计划；教师能就"预习—课堂学习—复习—作业"整个学习过程提出要求，并督促学生完成；教师适度及时的反馈能够促使学生维持持久的学习热情，实现教学的正迁移，从而获得最佳的学习效果。

（二）贝宁孔子学院汉语学员的学习难点

在进行学习习惯调查时，我们还专门针对汉语专业的学生分课型做了调查。结果显示，不同课型学生的学习习惯有所不同。汉语综合课和听说技能类的课程，学生课堂参与度、作业完成情况、课后复习情况明显比读写技能类型的课程好，最差的是文化类课程和职业汉语类课程。二、三年级的学生，因为有的要通过汉语水平考试（HSK）三、四级考试，有的要完成学校对毕业学分的要求，有的面临就业的压力，因此对读写技能类的课程重视度有所提高，加上经过中方教师的不断指导，学习习惯有所改善。而文化类课程和职业汉语类课程带有较强的专业性，对学生的阅读能力要求较高，所以很多学生觉得难度较大。这个结果与贝宁孔子学院学生学习难点的调查结果是大致吻合的。

根据我们的调查，三个年级的学生一致认为"汉字"是汉语学习中最难掌握的，①对应的"汉字识读"和"汉字书写和写作"则是汉语技能中难度系数最高的。这主要是由汉字的独特性造成的。贝宁学生必修的官方语言是法语，纪录法语的文字是表音文字。表音文字的特点是通过使用少量的字母记录语音，从而记录语言，音、义之间直接联系，没有"字形"的阻隔。一般地说，只要掌握了字母和拼音规则，听到一个词就可以写下来，看到一个字就可以念出来。而汉字是表意文字，是音、形、义的统一体，其特点是一个汉字通常表示汉语里的一个词或语素，不与汉语的语音发生直接联系。可以说，不仅"汉字"对于贝宁学生是陌生的，"如何学习汉字"对于他们也是全新的，没有可借鉴的学习第二语言的经验。而且，大多数贝宁的学生学习汉语就是冲着就业、到中国留学去的。冲着就业去的，希望尽快能运用汉语进行日常交流，学习上难免急于求成，不愿意花费太多时间。想申请奖学金去中国留学的学生，必须通过对应级别的汉语水平考试（HSK）。而从汉语水平考试（HSK）三级开始，试题已经没有拼音标注了，所以学生对"汉

---

① 通常习惯上提到"汉语教学"是包括了"汉字教学"的。

字识读"还是比较重视的。不过,因为试题中"书写"部分所占比例不高,只有少数人会常常练习,大多数人往往是在考前强化训练中接受教师针对性的训练。这种"应试式"的训练可能救一时之急,却不是长久之计。有时候,中方教师为了达到主要教学目标,会有选择地回避"写"。比如,"汉语语法学"这门课,为了不让学生在"写"上分散太多精力,中方教师在给学生布置练习的时候没有硬性要求用汉字书写。至于本土教师,大部分在"写"上自己就不过关,就更不用说教学生"写"了。

汉语三要素中,语音是被学生公认为最容易掌握的。虽然因为语音系统的差异,不可避免地会出现一些典型的语音习得偏误,比如送气音的习得偏误、调值不到位等。[①] 但得益于汉语拼音方案和国际音标,得益于贝宁学生母语有音高的差异,绝大部分学生能很快掌握汉语语音的声、韵、调。对应的,汉语"听说"技能相对"读写"就容易得多。不过,"听""说"这两种技能的难易程度还是有所差别的。整体而论,"说"要比"听"难。2018年汉语水平考试(HSK)"听力"部分学生的成绩大多数在80~100分,汉语水平口语考试(HSKK)学生的成绩则大多数在60~80分。根据调查,81%的学生认为,"听"是最容易掌握的技能,他们在日常课程教学中有关"听力"的练习中,表现非常活跃,正确率也高。另有19%的学生认为"说"是最容易的技能。考察这部分学生汉语水平口语考试(HSKK)的成绩和日常口语学习情况,会发现很有趣的两极分化现象。这部分学生中,有一些汉语水平口语考试成绩确实不

[①] 贝宁学生的汉语习得偏误见第四章"贝宁孔子学院汉语课程教学"。

错，有的已经能为在贝宁的中国企业或机构担任口译工作，但有一些不是很好，日常与中方老师交流起来语言也不顺畅。

之所以"说"比"听"难，是因为"说"需要运用汉语词汇，遵循汉语语法规则。而词汇、语法规则从正确掌握到灵活运用，不是短时间内能做到的。从我们的调查情况来看，汉语程度在汉语水平考试（HSK）三级以下的学生一般认为"说"比"读"困难。因为他们的词汇量较少，只掌握了一些常见的基本规则，加上学习汉语的时间不长，课堂操练的机会不多，往往只能机械搬用教材的句子，很难用汉语表达自己的想法，经常会出现词不达意的情况。汉语程度在汉语水平考试（HSK）四级以上的学生一般则认为"说"比"读"容易，因为他们已具备了一定的词汇量，也基本掌握了汉语的语法规则，加上学习汉语时间较长，有更多的操练机会甚至实习机会，因此能够比较自如地用汉语交流，表达自己的观点。

之所以学生汉语程度越高，对"读"越感到困难，是与汉语的特点密切相关的。汉语是意合型语言，不借助语言形式而借助词语或句子在意义上的逻辑联系来实现它们之间的连接。汉语水平考试（HSK）三级以下的学生词汇量不多，阅读材料篇幅不长，汉语"意合"的特点还不太明显，涉及的又基本都是日常生活内容，在理解上就不是那么困难。而汉语水平考试（HSK）四级以上的学生词汇量比较丰富，阅读材料篇幅逐渐变长，汉语"意合"的特点越来越明显，加上话题又涉及方方面面，在理解上难度自然增加了很多。

除了通用汉语课程，贝宁孔子学院还开设了"汉语＋"课程和文化类课程。前者将职业汉语引入课堂，学生学习得很认真、很努力。但因为职业汉语的专业型强，有些课程，比如工程汉语没有专门的教材,学生学习时就感到比较吃力。至于文化类课程,多数学生的汉语水平一般,而且缺乏足够的文化交流机会,他们只能理解一些有关中国国情、历史和文化的常识。

四、贝宁孔子学院汉语学员的学习策略

学习策略是指学习者促进信息的获得、存储、提取和运用所采取的方法,也可以被理解为人们通常所说的"学习方法"。学习策略在汉语学习过程中非常重要,良好的学习策略可以事半功倍,甚至立竿见影。美国奥克斯福特(Oxford)将学习策略分为直接策略和间接策略两大类。直接策略指通过对语言的心理加工直接影响第二语言学习的策略。间接策略指通过集中注意力、计划、自我评价、寻求机会、控制焦虑、移情、增加社交合作等方式间接为语言学习提供支持的学习策略。在直接策略和间接策略下又有进一步的细分(如图3—6所示)。①

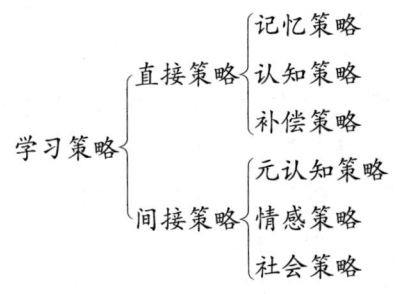

图3—6 学习策略的分类

我们参考 Oxford(1989)研发的学习策略量表(Strategy Inventory for Language Learning,SILL),调查了贝宁孔子学院

---

① 闻亭、常爱军、原绍锋:《国际汉语课堂管理》,高等教育出版社,2013年版,第95—96页。

汉语学员的学习策略，在此结合对教师的访谈、课堂观测进行综合分析。

（一）记忆策略

记忆策略是指各种帮助记忆的方法，又称记忆术。整体而言，贝宁孔子学院汉语学员很少主动采用记忆策略。不过，如果教师提出要求，学员还是会去做的，在具体方法上情况有所差别。在记忆生词时，所有学员都表示会用图画或者实物来帮助记忆，这和贝宁学生喜欢形象化思维、喜欢绘画的习惯有很大关系。因为年龄偏大、经历各异，"社会成员"这个群体不太情愿用表演这种比较外露的方式来帮助记忆生词，他们愿意用构建具体的语境来帮助记忆。与这个群体成为对比的是中小学和学龄前儿童两个学习群体，他们由于年龄偏小，形象思维能力占主导，绝大多数用表演而不是构建具体的语境来帮助记忆。复习已学过的课程是很重要的一种学习方法，只有学龄前儿童课后不会复习，因为他们没有课程考试的压力。

（二）认知策略

认知策略是指把各种认知功能用于汉语学习中。贝宁孔子学院汉语学员都表示，有机会他们会和中国人主动交流。但事实上，大部分学员能接触到的中国人只有学院中方教师，而且多半是在课堂上交流，机会很少。"社会成员"这个群体中的部分学员和学院汉语专业部分汉语水平比较好的学生，因为工作或实习与中国人有交集，所以和中方教师之外的中国人交流比较多。学员们也都表示，很想阅读教材以外的汉语书刊，或者观看中国影视剧，但只有少数学员做到了。这主要因为他们缺乏足量而合适的汉语书刊和中国影视剧资源，缺乏网络信息技术的支撑。目前，贝宁孔子学院和贝宁中国文化中心有汉语书刊或法汉双语的书刊，但数量有限而且缺乏适合学员水平的分级读物，利用率不高。比如贝宁孔子学院阅览室的汉语读物，前来借阅的学生多半汉语水平较高。至于中国影视资源，贝宁孔子学院和贝宁中国文化中心除了影碟，还提供了很多网络资源。此外，四达时代和贝宁电视台合作，也提供收费的译制节目。就资源来说是很丰富的，但是限于客观条件，尤其是经济条件，除了贝宁孔子学院和贝宁中国文化中心所举行的中国影视剧展播活动，大部分学员没有太多机会观看到中国影视剧。

在学习过程中，所有学员都会采用"不断模仿、重复听、说同一内容"这一策略。随着汉语水平的提高，贝宁孔子学院汉语专业有些学生会主动用汉字记笔记，也有一些学生在访谈中表示想用汉字记笔记，但书写速度跟不上，只能用拼音记。至于非汉语专业的学生，因为汉字学习时间不够，加上教学内容偏向听说，更谈不上用汉字记笔记了。由于认知思维的特点，中小学生和学龄前儿童基本上是"习得汉语"。而其他汉语学习者，学习时间越长，汉语水平越高，对自己的学习难点认识就越清楚，在教师指导下会逐渐意识到法语或母语与汉语的异同，并以此来帮助汉语学习。

（三）补偿策略

补偿策略是学习者为了补偿汉语能力不足，为达到用汉语交际目的而采取的各种策略。贝宁孔子学院汉语学员会利用肢体语言、语境线索等方式来弥补交流中汉语能力不足的问题，甚至有滥用的情况。

（四）元认知策略

元认知策略主要是指学习者对汉语学习能够做好计划和自我评估。非贝宁孔子学院汉语专业的学习群体都不会制订学习计划，大多数人不能保证在课堂外有充足的时间学习汉语。由于学习时长有限，学习内容偏重听说，他们在学习过程中不会主动记下错误，避免再犯。就学习结果来看，因为他们一般为零起点，所以大多数人认为自己的汉语有了很大进步。

贝宁孔子学院汉语专业一年级学生刚入学的时候，也不会制订学习计划。经过老师的指点和帮助，随着汉语水平的提高，超过20%的学生习惯经常制订学习计划，超过50%的学生偶尔制订学习计划。而且，绝大部分学生都能保证在课堂外有充足的时间学习汉语。汉语水平程度越高，越能主动记下错误，避免再犯。就学习效果来看，初始汉语水平越低，学员自我感觉进步越大；初始汉语水平越高，学员自我感觉进步越小。

（五）情感策略

情感策略指学习者了解并调节自己情感的方法，使之有利于汉语学习。贝宁孔子学院的学员乐于发言、乐于参与课堂互动，会主动寻找和利用尽可能多的语言练习机会。非学历教育的学习者没有太大的外在压力，又多为零起点，学习内容偏听说，比较简单，因此基本没有焦虑感。学历教育中将汉语作为学分选修课的学习者因为面临完成学业的压力，所以焦虑感要强一些。焦虑感表现得比较明显的是贝宁孔子学院汉语专业的学习者，主要体现在两处：一是课堂活动的问答环节和语言输出（说/写）环节，学生担心会受到教师的负面评价；二是考试环节，学生由于担心考试失利而产生焦虑。初始汉语水平越低，学习内容越简单，焦虑感越低；相反，焦虑感就越高。通过课堂观察和师生访谈，我们发现除了学生自己采取相关措施放松外，教师的引导也能有效消除学生的焦虑感。

（六）社会策略

社会策略是指在学习汉语时利用社会资源的各种方法。贝宁孔子学院的学员对教学内容有任何的疑问，都会在课堂上或课后直接请教教师。他们也非常愿意和同学一起学习汉语。在汉语课堂学习中，他们会积极参与讨论、相互问答、角色扮演、模拟对话等需要协同合作完成的语言实践活动，且表现非常活跃。因为工作或教学课程安排的关系，"社会成员"群体中部分学员和贝宁孔子学院汉语专业的学员对中国社会、文化了解较多，在一定程度上有助于他们提高汉语水平。

综合以上分析，我们对贝宁孔子学院学生的学习策略可以得出如下结论。贝宁孔子学院学员很少主动地、有意识地采用某种学习策略，他们会综合采用学习策略，都是无意识的或在教师引导下逐渐形成、强化的。不同的学习群体由于年龄、经历、学习动机、学习时长、汉语水平等的不同，即使采用同一策略，在具体方法上也有差别。有些策略，比如认知策略，不是学员不想用，而是缺乏客观条件。绝大部分学员都表示，如果教师提出要求，引导他们采用某种学习策略，他们会很乐意照做。教师访谈以及课堂观察也证明了这一点。由此可见，教师在贝宁孔子学院汉语教学中具有非常重要的作用。

第四章
贝宁孔子学院汉语课程教学

第一节 贝宁汉语课程现行教材使用情况

"没有万能的教材,只有灵活的处理方式。"这是贝宁孔子学院在教材选择和使用上的一个根本原则。即使有现成的教材,也需要因时(学时)因人(学生)进行教材的二次加工和教学过程的调整,甚至需要自编讲义。因此,教材能否发挥作用,很大程度上取决于教师。

一、贝宁孔子学院非汉语专业课程现行教材使用情况

贝宁孔子学院非汉语专业课程现行使用的教材是:以《快乐汉语》(法语版)为主,以《HSK 标准教程》(第 1~2 册)为辅。贝宁孔子学院是基于以下原因选择这两种教材的。

第一,照顾课程时间安排上的差异,方便教师备课。非贝宁孔子学院汉语专业课程在课程时间安排上有两种情况。一种是贝宁孔子学院每次安排汉语课程的时间只有 25 学时。因为按照贝宁教育部的规定,完成 25 学时学习且考试合格,学生就能拿到一学分,所以他们习惯以"25 学时"为时间节点安排。另

一种是贝宁中国文化中心按照中国的习惯安排，每次汉语课程开班时间为一学期，共 64 学时。① 第二，考虑到非孔子学院汉语专业课程是"通识汉语综合课"，偏重听说。第三，考虑到汉语学习者都以法语为官方语言，汉语水平大多数为零起点。第四，考虑到课程内容的连续性和复现率，并为汉语学习者提供一个汉语水平测试标准。

《快乐汉语》（法语版）由李晓琪等编写，一共 3 册。每一册包括学生用书和配套的教师用书、练习册，另外还配有词语卡片、教学挂图、光盘等，既方便教师备课，又方便学生学习。这套教材的内容都是与日常生活密切相关的，兼顾了汉语的听、说、读、写四种技能，但重点培养汉语交际能力，契合课程目标。这套教材还有一个特点，即三册内容对应相关，难度渐进，保证了学习的连续性。比如，对比三册的第一单元目录（见表4－1），从第一册简单的打招呼到第三册可以简短的自我介绍或介绍他人，内容都涉及自我介绍和日常人际交往。而且，三册的词汇和句型的重现率较高，这保证了学员不会学了后面内容就忘记前面内容，减少了记忆负担，也能温故知新。

表 4－1　《快乐汉语》三册第一单元目录对比

目录	分册	第一册	第二册	第三册
第一单元	第一课	你好	你叫什么	你家在哪儿
	第二课	他是谁	她比我高	我的一天
	第三课	我从北京来	我想来兼职	我们给他打电话吧

---

① 贝宁孔子学院在阿波美卡拉维大学开办的汉语培训班原来是按照中国的习惯安排课程时间，从 2019 年改为按照贝宁教育部的规定安排课程时间。

《快乐汉语》(法语版)虽然是为11~16岁半的中学生编写的,但对学龄前儿童和小学生也是适用的,而对高中生、大学生以及社会成员,有些内容就不太适用了。同时,一些学有余力的学生出现了学习不饱和的情况,也会影响到他们学习汉语的积极性。因此,一般在完成25学时左右的教学后,贝宁孔子学院非汉语专业课程的教师会视教学实际情况加入《HSK标准教程》(第1~2册)的相关内容,并适时配以模拟考试,帮助学生提升汉语水平。

二、贝宁孔子学院汉语专业课程现行教材使用情况

目前,贝宁孔子学院汉语专业课程所采用的教材是经过了多年摸索、不断调整才定下来的。综合课以及听、说、读、写分技能课程采用的是已编好的教材,其余课程基本上是自编讲义(见表4-2)。无论是采用已有教材还是自编讲义,课程学时和学生的汉语水平都是必然要考虑的因素。

表4—2 贝宁孔子学院汉语专业课程现行教材情况

学年	课程名称	教材	学年	课程名称	教材	学年	课程名称	教材
第一学年	汉语综合(一)	《当代中文》(第1册)	第二学年	汉语综合(二)	《当代中文》(第2册)	第三学年(第一学期)	汉语综合(三)	《当代中文》(第3册)
	日常汉语	《HSK标准教程》(第1册)		中国概况	自编讲义		中级阅读	《步步高汉语阅读教程》(第2册)
	初级口语	《会通汉语(听说)》(第1册)		语言艺术	自编讲义		成语解读	自编讲义
	汉语正音	自编讲义		初级阅读	《步步高汉语阅读教程》(第1册)		中国文化	自编讲义
	听歌学汉语	自编讲义		中级听说	《会通汉语(听说)》(第2册)		写作	《新汉语写作教程》
	汉字识写	《当代中文》(汉字本)		商务汉语(汉)	《体验汉语(商务篇)》(法语版)		中国文学(汉)	自编讲义
	初级听力	《会通汉语(听说)》(第1册)		工程汉语(汉)	自编讲义			
				汉语语法学(师)	自编讲义			
				汉语词汇学(师)	自编讲义			

"汉语综合"是最重要的通用汉语课程，其教材为《当代中文》（第1~3册）。《当代中文》以发展学生的汉语交际能力为主要目的，重视听、说、读、写汉语能力的协同发展。每一册教材都配有对应的教师手册、练习册和光盘，第一册还有配套的"汉字本"。同时，《当代中文》教材内容按《国际汉语教学通用课程大纲》循序渐进编排，遵循汉语的系统性和规律性，为分技能课程选用配套教材提供了很大空间。

由于通用汉语课程教学采用"基于任务的汉语联动式教学模式"，所以分技能课程教材从内容到编排必须与"汉语综合"课程选用的《当代中文》教材互相呼应、互为补充。这是分技能课程教材选用的第一个标准。第二个标准是选用的教材要注重交际功能，并配有大量练习。参照这两个标准，贝宁孔子学院选用了如下教材。

听说技能课程选用了《会通汉语（听说）》（第1~2册）。这套教材通过词汇量、语言点控制难度，分为不同层次，同时将主题式的生活情景功能与句型的应用功能相结合，以学习者可以运用汉语交际为最终目标。

阅读类课程选用了《步步高汉语阅读教程》（第1~2册）。这套教材针对18~25岁受过中等以上教育的汉语学习者，语料涉及日常生活和当代中国社会现象。在循序渐进的原则指导下，教材内容长度和难度逐级递增，并通过强化练习完成教学任务。

书写/写作类课程，不同年级选用了不同教材。一年级时配合"汉语综合"课，选用《当代中文》（汉字本），在强化汉字识读的同时教授汉字书写的基本知识和技能。三年级时则选用了《新汉语写作教程》。《新汉语写作教程》是为中级汉语水平的学习者编写的，按每周2~4学时计，可供一学年使用。每课包括学习重点、范文、说明、练习与活动、课后写作任务五个基本版块，除了讲解一般的记叙文、说明文、议论文等文体，还包括请假条、邮件、调查问卷等各种实用文体，基本满足了学生日常生活中的各种汉语写作需要。

"汉语正音""听歌学汉语""日常汉语"和"语言艺术"这四门课是辅助课程，目的是进一步强化学生的汉语技能。除"日常汉语"外，其他都是自编讲义。"汉语正音"和"听歌学汉语"本来有现成教材，但不适于贝宁孔子学院的汉语教学实际。"汉语正音"的教材理论性太强，"听歌学汉语"的教材选的歌曲多半与时代脱节，其风格也不为贝宁学生所喜爱，因此只将其作为参考资料。"语言艺术"这门课程的内容是要结合汉语教学和贝宁孔子学院文化活动的，这样既能给学生提供更多的学习汉语的机会，又能为文化活动做好前期准备，所以只能自编讲义。"日常汉语"之所以选择《HSK标准教程》（第1册）作为教材，是因为它在保证词语和语法不超纲的情况下，采取变换情境的方式让学习者能够体验到语言的真实应用，并提供了专门的交际练习。

专业汉语选修课中，除了"商务汉语"外，"工程汉语""汉语词汇学""汉语语法学""中国文学"都是自编讲义。"工程汉语"是因为无现成教材。"汉语词汇学""汉语语法学"这两门课程的教材要考虑学习者的汉语水平，目前国内虽然有这方面的教材，但是难度较大，不适合贝宁孔子学院汉语专业的教学实际。"中国文学"课程也是因为国内现有教材内容不合适，只能自编讲义。"商务汉语"课程之所以选用《体验汉语（商务篇）》（法语版），是因为该教材将商务知识与言语技能有机结合起来，具有许多实践性强的商务情景练习和商务案例分析,用图片、表格、补充、附录等形式真实地呈现了学习者所要学习的商务工作内容。

"中国概况""中国文化""成语解读"是文化类课程,都是自编讲义。前两者没有采用国内现成教材,一方面是因为其难度超过了贝宁学生的汉语水平,另一方面是内容太宽泛,学生学习时只能走马观花,过目即忘。"成语解读"也采用自编讲义,是因为国内现有教材难度超过贝宁学生汉语水平,同时考虑到"成语"是汉语中带有较强文化背景的词汇,需要和"汉语综合"课程相互配合,才能让学生深入了解。

第二节 通用汉语课程教学难点及解决策略

通用汉语课程教学指的是对所有专业领域、范围和场合、情景、群体和阶层都普遍适用的汉语教学。

一、听力课程教学难点及解决策略

听力课程教学的难点主要集中在声母、韵母的混淆、语流音变以及音同音近字的教学上。

首先,声母的混淆是难点之一,包括清音与浊音的混淆、送气音与不送气音的混淆,以及汉语中有而法语中没有的音等。汉语中的鼻韵母是教学难点之一。由于在法语中只有鼻化元音,并没有区分前鼻音和后鼻音,学生在听的过程中并不能准确分清 an 与 ang;en 与 eng,ong;in 与 ing 等。

其次,在听力教学中,语流音变的学习是必不可少的。在听的过程中出现的变调、儿化等现象会给学生准确识别其对应的汉字及含义造成很大的困难。法语的语调是曲折调,学生往往起调高，下降不够，上升又拉得过长而且不够高。如汉语上声的变调：两个上声连读时第一个上声读成阳平，上声在阴平、阳平、去声前只读上声的前半调，但是大多数学生难以驾驭这种变化。

最后，汉语中存在很多字形不同但字音相同或相近的词语，音同音近字现象也是听力课的教学难点之一。仅就同音字而言，据周健（2007）的统计，现代汉语中念"yi"的字有177个，念"ji"的有163个，念"yu"的有139个，念"zhi"的有128个，念"li"的有133个，念"xi"的有130个。

针对以上教学难点，贝宁孔子学院的教师主要采取了分析操练、讲练结合和对比思辨的教学策略。

中法语音系统上有很大的差别，教师在听力教学过程中需要针对学生的语言实际情况来进行分析，并采取对应的策略。比如，有针对性地强化练习法语中没有的音和学生容易混淆的音，在对比中进行强化练习。在听的过程中，注意将有意识听音和无意识听音相结合，让学生的耳朵习惯汉语发音，培养汉语语感。我们以贝宁学生学习送气音和不送气音为例。根据钟国仁的调查，贝宁学生在学习汉语＋/－送气辅音的声母发音时，容易出错的语音条件主要有以下9种：

(1) p→（b）—ei、a

(2) ts→（z、s）—u、ə、e、a

(3) tʂ'→（tɕ'、ʃ）—ɿ

(4) k→（g）—a、ə、u

(5) ts'→（s）—a、ə

(6) t'→（t）—i

(7) tʂ→（tɕ）—ɿ

(8) t → (d) —i、u、a

(9) k → (g) —u、ə、ɤ

发音出错频率最高的音节是：声母为 [ts/ts']、[p/p']，韵母中有高元音 [i、e]。

我们发现，贝宁学生往往将汉语中的＋/－送气音与法语里的清浊音混淆，将汉语的 [ts、ts'] 和法语的 [z、s] 两组音素的发音方法混淆。

法语中虽然有＋/－送气音，但其出现的条件不稳定，也没有区别词性或词义的作用，这与汉语刚好相反。汉语中＋/－送气音在普通话语音系统中所承担的发音任务，在法语中是由清浊音来承担的。而从书写形式的角度而言，"《汉语拼音方案》中用来表示不送气塞音和塞擦音的符号 b、d、g、j、zh 和 z 在一些有清浊音对立的印欧语系语言中用来表示浊音，因此容易使学生误解为普通话中也有浊音"。譬如，b/p、d/t、k/g 和 z/c 这四组对立的辅音声母在汉语和法语里都存在，但读音不一样。汉语里读作 b [p] /p [p']、d [t] /t [t']、g [k] /k [k'] 和 z [ts] /c [ts']，而法语里则读作 b/p [b/p]、d/t [d/t]、g/k [g/k] 和 z/c [z/c]。很明显，它们在汉语中是＋/－送气辅音声母，而在法语中则是清浊辅音声母。

法语中的 [s、c] 两个音素的实际发音相同，都发 [s]；[c] 的变体会发成 [k]，如 "cote" 中的 [c] 要发为 [k]。这就导致贝宁学生容易混淆这两种音素的发音。譬如，zen [tsən] 读成 [zen]，cao [ts'au] 读为 [sau]。汉语中的 zh [tʂ] /ch [tʂ'] 和 j [tɕ] /q [tɕ'] 两组音，法语中没有，但有两组音与 [dʒ] 和 [tʃ] 发音近似，贝宁学生很容易用它们代替汉语的 zh [tʂ] /ch [tʂ'] 和 j [tɕ] /q [tɕ']。

因此，教师在教学中可以结合对比法和夸张法，帮助学生分清楚＋/－送气辅音声母，通过加大送气力度（发送气音吹纸、吹蜡烛）体会送气的特征，也可以用法语里的送气音引导学生学习汉语送气音。"送气音与不送气音混淆，如汉语中的声母 p、t、k 代表送气音［p'］［t'］［k'］，在法语中这些音在辅音前（［l］除外）或音节末才发送气音。"比如，paille、taille、lac 里的 p［t'］、t［t'］、c［k'］都要送气。具体做法如下：先让学生发法语里具有送气特征的音，然后过渡到发汉语的送气音。"因为法语里的音位变体多，送气这种发音特征常在某些不送气清音的音位变体中出现，比如［k］在词末及辅音群中送气（clair、sac）。"①

鼻韵母的讲解方面，教师可以在将鼻音尾韵母前先引入 8 个前鼻音韵母，对其发音方法进行纠正，并找到法语中相同字母群的发音进行对比，使学生既找到相似处，又对发音方式的区别了然于心，接着再加以针对性练习。在介绍 8 个后鼻音韵母的发音时，除讲解其发音方式之外，教师还要把前鼻音韵母和后鼻音韵母两种音素对应起来，把前鼻音韵母与后鼻音韵母的音质差别进行对照联系，引导学生有效摆脱母语负迁移的影响，从而正确掌握汉语中鼻音尾韵母的发音。

语流音变是每种语言中必然的语言现象，为了改善听力教学中语流音变带来的困难，教师可以将汉语语流音变现象（变调、儿化等）同法语的音变现象（连颂、浊化等）进行对比，找出异同，分析原因，讲清原理后再进行机械性操练和有意义

---

① 参见钟国仁：《西非法语背景下学生汉语语音辅音学习中的难点分析及教学对策》，西南大学硕士学位论文，2019 年。

操练等。从简单到复杂,从单个词到词语、短语、句子、语篇等进行叠加式练习,从而能够在听力对话和语篇中准确判别出语流音变现象。

在听力课的教学中,教师应该在初始拼音教学阶段强化音素的对比学习,从而能够更加精准地辨别发音及含义。在音近字的教学过程中,教师可以采取拼音与文字对比教学的方法,由此才能让学生更准确地意识到音相近的字形的不同,从而更加精准地识别不同的音所对应的汉字及含义。

二、口语课程教学难点及解决策略

口语课程教学的难点主要集中在声韵调和儿化音的准确发音、语调的把握以及多音字音义的把握上。

受母语影响,贝宁学生容易把 g 发成法语的 [ʒ],因为法语 ge 中 g 的发音是 [ʒ],把 c 发成 k 或 s,因为在法语中 c 的读音是 [k] 或 [s]。在法语中 sh 和 ch 的发音相同,贝宁学生在读 ch 的时候常常发成 sh 的音。在法语中 an 和 en 发音都是 [an],所以学生觉得 en 和 an,eng 和 ang 的发音是一样的。有时候,贝宁学生还会把后鼻音读成前鼻音,把前鼻音读成后鼻音。在法语中 ou 读 [u],所以很多贝宁学生在汉语中会把 ou 读成 [u]。法语起调较低,贝宁学生在读汉语双音节或多音节时往往因起调低而影响其他声调发音的准确性。尤其是汉语的三声,由于是曲折调,学生往往读成像二声的上升调,而没有曲折感。

很多语言并没有儿化这种语音现象。法语中也没有卷舌元音,所以贝宁学生很难发出儿化音。母语中没有该语言现象和对应的发音,这对学生来说则是一种新的发音方法,他们很难在短时间内熟练掌握并将其运用于交际中。为了避开这种语言现象，很多学生便采取回避的策略，把"这儿"表达为"这里"，把"哪儿"表达为"哪里"等。

汉语的语调虽然也有升调和降调，但基本是平稳的，且多在句尾才略有升降调。法语音节的音高基本平稳，但全句语调是起伏的。法语语调不仅有升、降、曲折调，而且句中语调的逐渐上升和下降是十分明显的。贝宁学生习惯用母语的语调来说汉语，影响了汉语句子中音节声调的发音。

汉语中存在多音字这一独特的现象，多音字中每个不同的读法都对应不同的词性或者含义。当学生对所掌握的某个多音字的读法不全面，或者只掌握了最常见的一种读法时，就会在表达时全部按已知道的读法发音，这在语言交流中便会产生误导和阻碍。如，"行"的"xíng"发音是最常使用的，如"行不行？"但是在学生没有掌握"行"的"háng"的发音的时候，可能把"银行"读作"yín xíng"。

针对以上教学难点，贝宁孔子学院的教师主要采取了针对性练习、场景设置练习、分阶段逐级练习等教学策略。

对于母语负迁移影响的发音，教师可以采用夸张发音、重复练习发音和声调组合法等，来纠正学生的错误发音，帮助他们建立正确的发音体系。在最初学习 ch、sh 的两个音时，要清楚汉语的 ch 和法语的 ch 的读音不一样，而汉语的 sh 和法语的 ch 是相同的。在鼻音韵母的教学中，教师可以采用图示法，让学生真正了解前鼻音和后鼻音的发音部位和发音方法。针对汉语有而法语没有的音，因为没有母语的影响，教师就可以用基本的或者普通的教学方法进行教学，如发音演示或声调组合等。

儿化在汉语中是常见语言现象。在最初的儿化韵教学中，教师可以采用对比和理论与实践相结合的方法。首先可以对卷舌元音进行重点教学，详细讲解卷舌原因的发音部位和发音方法，用舌位图来配合讲解的过程，使学生更加直观地感受到发音的规律。其次可以采用视频动态展示方式，用动画的形式来展示发音的过程。最后在词语及语篇的学习中，将儿化的音变规律进行准确讲解，并进行针对性的练习。

每种语言的语调都不尽相同，语调也是口语教学的难点之一，如果不能掌握好语调，学生说汉语就会产生"洋腔洋调"的现象。语调的练习相对来说比较枯燥，过程持续时间长，在短时间内也不会有很明显的效果。因此，教师在设计练习方案时最好能采取类似扩展句的办法，使难音难调得到重复练习。教师在语调的教学过程中可以采用趣味性情景设置，在情境中感受语调的发音规律。教师还可以采用配音、话剧歌曲等趣味性练习来进行语调的练习，提升学生的参与度。

多音字是汉语教学不可避免的难题之一。对于多音字的教学，教师可以根据不同的教学阶段，先从最简单、最常用的发音开始，逐步进行扩展，并且在扩展的时候要将学生以前学过的音综合起来进行对比教学，让学生能够准确掌握多音字的使用场合以及多音字的含义。

三、阅读课程教学难点及解决策略

阅读课程教学的难点主要集中在汉字识记、句法词义的理解和文化差异上。

首先，汉字的识记是阅读课的难点之一。法语是字母文字根据线性排列按照发音规律拼读的，汉字则是由笔画按不同结构构造而成，超越了语音的限制，文字的字形、字义各成体系。

在初级阶段，贝宁学生一方面对学习汉字表现出兴趣，另一方面又怀有畏难情绪。他们掌握的汉字数量不多，还不能利用形、声的特点对汉字进行归纳记忆。在某些阅读材料中，汉字并不是按照先易后难的学习规律出现，这也给学生认读带来了难度。造成认读困难的原因还包括汉语中大量同音字、多音字、形近字的存在。

其次，除了汉字的准确识记问题，还存在学生是否能够掌握词的具体含义，也就是语义问题。汉语词汇的组成单位是语素，它没有表示语法意义的附加成分和形态变化，书写时字字相连，词与词之间没有间隔标志，语法关系和意义在形式上无任何标记，因此会使学生在阅读过程中产生困惑。他们会把一个词拆成单字去辨认，或者把不同词的汉字合成一个词去理解，因而读不懂文章。汉语属于分析性语言，词类缺少形态标志，句法结构灵活多变，这给学生寻找中心语、理解句义带来了一定的难度。

最后，每种语言都有各自的文化内涵，在汉语的阅读材料中不可避免地会遇到各种文化差异，导致学生没有办法理解或者错误理解阅读材料的内容。这种文化差异体现在宗教、政治、经济、社会等方面，如语篇中出现"祝你生意红火"的语句，有些贝宁学生就不太能接受。他们认为红色是血液的颜色，红色代表着血腥和厄运。而在中国，人们自古便崇尚红色，在中国的传统文化中，五行金木水火土，火对应的颜色就是红色，很多重要的官方建筑和庙宇建筑也常用红色作为墙壁的主色调。中国人习惯用"红火""开门红""满堂红""红运"等词表示吉祥如意的祝愿。

针对以上教学难点，贝宁孔子学院的教师主要采取了准确定位、循序渐进、重点突出的教学策略。

首先，在选取阅读材料或设置阅读练习时，教师可以优先选择已经学过的字、词和熟悉的语法结构。在初级阶段刚开始接触汉语时，学生对汉语的音、形、义还没有形成一个完整的框架，没有对汉语的特点有足够了解，因此，减少阅读的障碍有助于学生提高对汉语学习的积极性。这时，教师可以采取朗读的方式强化学生语感和对汉语的整体感知，因为任何语言的语法规则都体现在语句和篇章之中。

其次，对句法语义方面的训练可以采用循序渐进的方式。汉语的初学者在阅读汉语文章时，很自然地从识读字词开始，将一个完整的句子切分成若干个独立的词。教师如果可以训练学生将句子切分成短语，那么学生处理文字信息的速度必然会提高。汉语中短语结构与句法结构相通，熟悉短语结构有助于学习句法。教师也可以通过回答问题、复述课文内容、概括文章大意以及续写等方式来进行操练，采取这些方式活跃课堂气氛，激发学生的阅读兴趣，同时可以促进学生积极思考，激发求知欲望，有效提高阅读教学效率进而提升教学质量。

最后，在阅读过程中涉及较难理解、极具中国特色的知识点时，教师可以有针对性地对这些问题进行单独讲解，结合该问题产生的缘由，以及和学生母语文化中所涉及的相关知识来进行对比教学，由此学生可以更加准确地理解文章的含义，也能够更深入地了解中国文化，以便在之后的学习和生活过程中不会再产生与之相关的困惑。

四、写作课程教学难点及解决策略

阅读课程教学的难点主要集中在汉字书写、句型运用、语用和标点符号的使用上。

第一，在汉字书写教学方面最大的难点在于笔画、部件书写和字形结构。贝宁的官方语言是法语，法语的书写规则是字母从左至右按线性排列，而汉字则是由各种笔画和部首通过不同的形式组合而成的。贝宁学生缺乏汉字相关基础知识，难以掌握汉字构造的规则和书写规律，只能通过临摹书写汉字，因此写出的汉字不标准，甚至错误百出。

第二，汉语的句法是以意合为主，主要的语法手段是语序和虚词。在写作中，大部分贝宁学生习惯采用汉语主谓句。根据谓语主要成分的不同，汉语主谓句可分为名词谓语句、动词谓语句、形容词谓语句和主谓谓语句。除了动词谓语句外，学生在法语中找不到相应的句型。这就使得他们在写作过程中不能自如运用多种句式，句子形式单一。法语语法复杂严谨，句子结构清晰，没有动词便不成句子，每个句子有一个和主语人称相应的变位动词，因此学生总会按法语习惯在汉语中添加他们认为合适的谓语动词。同时，法语属于印欧语系，存在动词有时态、疑问词都在句首等特点，与汉语的语法特点差异较大，法语在语序方面也同汉语有很大的差别，这就造成了学生在写作的过程中容易按照法语习惯来进行句子的创造和书写。

第三，语言的使用涉及语用层面。所谓语用，就是人（使用者）在一定环境下（语境）中对语言的运用。[1] 汉语的词汇或句子由于时代的变迁和发展被赋予一定的语言色彩，而这一点是学生在写作中最难以掌握的部分。他们没有完全明白这些词的色彩意义，因此在使用汉语时出现许多语用偏误，如感情色

---

[1] 参见邵敬敏：《现代汉语通论（第三版）》，上海教育出版社，2016年版。

彩偏误和语体色彩偏误。感情色彩偏误主要指对词汇的褒贬色彩没有明确的认识,导致在使用的时候出现不恰当的现象。如:"玛丽今天的表演特别好,尤其是他出洋相的那段。"这个句子其实是想表述"喜欢玛丽在表演时的幽默感",但误将"出洋相"理解为褒义词,因此出现了典型的感情色彩偏误。语体色彩偏误主要是指对词汇的语体色彩没有明确的认知,导致将口语色彩的词汇运用到正式的书面写作中。

第四,不同源的语言符号的书写不尽相同,因而标点符号的准确使用也是教学难点之一。在写作过程中,贝宁学生习惯于使用","。""?",而忽略了其他标点符号,而且偏误规律性强。例如,法语中"?"在使用时需要与前一个字符和后一个字符各隔开一段距离,空出一个空格,贝宁学生在汉语写作中也存在这样的情况。又如,贝宁学生经常性地用"."代替"。",用"。"代替"!"等。

针对以上教学难点,贝宁孔子学院的教师主要采取了精讲多练、初级阶段扩展练习、中高级阶段话题写作和语言对比的教学策略。

在汉字书写方面,由于法文字母的书写方式固定,而汉字笔画书写规则复杂,有较为固定的文字形式和笔画顺序,同时汉字的书写追求书法力量上的美感。因此,教师可以通过详细讲解汉字的演变过程、每个部件所代表的含义,以及笔画顺序的由来等方式来进行汉字书写教学。在教授汉字书写的同时,教师还可以总结规律,将相同部件的含义讲解清楚,达到一通百通的效果。教师在讲解的同时也要加强练习的设置,只有经过系统的书写练习,学生才能够准确掌握标准的书写方式;只有掌握正确的书写规则,学生方能冲破汉字书写的障碍。

在有了汉字书写的基础后，教师则可将教学重点转向句法的准确使用。与综合课的语法讲解配合，在打牢学生语法的基础上，采取扩展练习的方法，将词汇运用到句子中，训练学生在将语言转化成文字时能够正确使用词汇和句式。在能够熟练运用句式的基础之上，教师在日常教学中可以采用写日记或者每日一句话的形式进行句法训练。

语用问题是在中高级阶段常出现的问题之一。因为在中高级阶段，学生学会了更多的词汇，在写作时更喜欢将新学会的词汇运用到写作中。就这个问题来说，教师在词汇讲解方面要更重视将词汇的色彩意义清晰地传达给学生。因为缺乏汉语语境，贝宁学生的口语交际和书面语交际的机会很少，所以很多时候学生不能准确区分出词汇的语体色彩。教师采用精讲多练的写作训练方式，可以给学生更多的机会来进行书面语交际，也可以就同一个话题进行口语交际和书面语写作，然后进行对比，这样学生们能更加直观地发现自己的写作问题。

标点符号的问题是由于不同语言的写作习惯而产生的。这个问题可以采用语言对比的形式来进行纠正。教师可以将法语的标点符号书写规则和汉语的标点符号规则进行详细对比，相同的部分可以有效帮助学生准确地运用标点符号，不同之处可以提醒学生在汉语写作过程中重点关注。

第三节 专门用途汉语课程教学难点及解决策略

专门用途汉语指用于某种专业领域、特定范围和固定场合的汉语，包括专业汉语，如理科专业汉语、工科专业汉语、中医专业汉语、铁路专业汉语等；也包括与跨文化语言生活、语言交际密切相关的"业务汉语",如外贸汉语、媒体汉语、军事汉语、旅游汉语、工程汉语、公司汉语、航空汉语、酒店汉语等。

专门用途汉语的"专门"是指目的而并非语言本身,实施专门用途语言教学的前提是目标情景需求分析。目标情景需求分析是分析"学习者在目标情景中所必须要做的事情"[①],"旨在调查分析目标情景中的交际状况和学生应达到的水平,从而确立学生的交际需要及其实现方式,如将来语言使用的场合、目的、方式和语言技能、功能、结构以及交际类型(如口语/书面语、正式/非正式)等"[②]。

根据我们的调查,中贝近年来经济交往日益频繁,吸引贝宁人学习汉语和了解中国文化的主要因素是与中国进行商贸往来,以及在贝中资公司的需求,因此贝宁孔子学院的专门用途汉语教学主要集中在工程汉语、商务汉语和旅游汉语等方面。

一、专门用途汉语课程教学难点

目前,专门用途汉语教学尚没有成熟的理论系统和教学模式,各类教材也并不完备,因此在贝宁进行该类汉语课程教学时往往无从借鉴,教师只能是摸索着前进。贝宁孔子学院的专门用途汉语教学分为两类:一类是在旅游学院开设的"旅游汉语"入门培训,在贝宁工商协会开设的"商务汉语"培训;另一类是在汉语本科二年级开设的专业课"商务汉语"和"工程汉语"。前者的学习周期是25学时,学生的汉语水平基本是零

[①] 韩莉萍:《专门用途英语研究》,复旦大学出版社,2000年版。
[②] 韩金龙:《ESP最新发展述评》,《国外外语教学》,2003年第4期。

起点；后者的学生已经接受了一年的汉语教学，近一半的学生汉语水平可以达到汉语水平考试（HSK）三级。课程教学遇到的难点主要集中在教学内容的择定以及如何有效地学以致用上。

首先，就现有的专门用途汉语教材而论，只有法语版的《体验汉语（商务篇）》可以直接使用；"旅游汉语"课程的教材无法直接使用，只能作为教学参考；而"工程汉语"课程根本就没有教材可利用。那么，该选择什么教学内容，怎么掌握教学深度，就成为教学的首要问题。

其次，专门用途汉语教学的目的并不是单纯传授语言知识，而是要使学生能够在专业语境中应用所学知识。除了行业从业人员外，在非目的语环境下，学生如何能够活学活用是一个非常现实的问题。

以"工程汉语"课程为例，由于没有现有教材，教师只能自编讲义。64个学时应该教学生什么？是教语言知识还是专业知识？二者如何协调？教学过程中应该采取什么样的教学方法，才能让学生能够在有限的时间里迅速掌握语言知识及相关专业知识？又该怎么样让学生能够将所学与专业语境有效结合起来……这些都是教学中的难点。

二、专门用途汉语课程教学策略

专门用途汉语课程教学是以汉语教学为主，专业知识教学则处于一种辅助的地位。不过，无论是教学内容的择定，还是教学方式的选择，都应该在侧重专业语言教学的同时，考虑结合专业，突出课程的专业特点。

择定教学内容前，教师要对学员进行调查，了解他们的需求、汉语水平、学习目的、学习习惯等，同时要对行业需求进行调查。然后，教师根据调查结果和教学学时，以已有的专门用途汉语教材作为参考，与行业从业人员合作确定教学内容。从我们近几年的调查结果看，专业用途汉语课程教学内容必须紧密联系学生的行业需求，侧重专业汉语听说能力的培养，重点在于"是什么""怎么做"。

在教学过程中，教师要坚持专门用途汉语的教学理念，可以适当引入专业基础知识。就教学方法而论，通用汉语的教学方法同样适用于专门用途汉语教学。在涉及专业内容时，教师可通过实物、模型等让学生了解专业词汇，也可通过视频让学生了解专业知识。教师可结合专业语境，为学生运用专业词汇和表达方式设置课堂模拟语言环境，然后通过实习，使学生在真实的语境中熟悉并提高专业汉语水平。

比如，"工程汉语"课程没有现成教材，经过我们对学员和行业从业者的调查，最终确定教学内容要突出"工程基础建设"，以"实用"为原则，优选与工程基础建设任务有直接联系的话题、功能和语言要素，重点培养学生的工程类汉语的听说能力。从让学生以新员工的身份"入职"开始，了解公司的基本情况、工程施工常用的材料、工具以及工程施工（主要是公路施工）的基本过程。在课程教学中，教师主要采用任务教学法，通过图片、模型、视频，辅以法汉对译，让学生掌握专业词汇和基本的工程专业知识；再围绕同一类型的任务营造情景，让学生在语言形式的操练中熟悉工程基本常识；最后提供去贝宁施工的工程公司参观或实习的机会，让学生在真实的语境中锻炼汉语交流能力。

第四节　文化类汉语课程教学难点及解决策略

对外汉语教学界早已就文化教学的重要性达成了共识，即语言教学中必须进行文化教学，文化教学必须贯穿语言教学的全过程。文化教学主要分为两种：一种是分散在语言课中的文化因素教学，另一种是系统集中的文化知识教学。语言教学和文化教学并驾齐驱，共同形成对目标语环境的完整认知体系。

一、文化类汉语课程教学难点

目前，文化类汉语课程的教学难点主要集中在课程安排、教学内容择定和教学方式等方面。

首先是课程的安排。文化因素教学分散在语言类课程中，那么究竟是选择几门课程还是分散在所有课程中？语言和文化在课堂教学的比例该如何分配？文化知识教学遇到的问题主要在于课时量少。由于要尽量保证在非目的语环境下学生学习汉语的时间，每门文化课程只能做到每周2学时。

其次是教学内容的择定。分散的文化因素教学遇到的主要问题是：到底应该选择哪些文化因素？深浅度如何把握？文化知识教学遇到的主要问题则是和教材有关。目前，国内的文化教材（本科）大部分针对留学生，且汉语水平一般要达到汉语水平考试（HSK）四级；其内容以传统文化为主，解读角度也是以"我"为主，很难适应贝宁的教学现状。教师在自编讲义时，同样面临着材料的选择和深浅度的把握问题。

最后是课堂教学方式问题。对贝宁学生进行中国文化教学，不可避免地会遇到文化差异问题。但是，中方教师和贝方教师在跨文化教学方面，无论是理论知识还是教学实践，都比较缺乏。因此，教师往往不能运用科学的理论知识和有效的教学方法，根据学生的背景文化来进行文化教学，更不用说深入讲授某种现象后蕴含的中国文化了。这直接导致文化教学的表面化和现象化。

比如，"成语解读"这门课程的主要任务是教授学生常用成语及其运用，但这个过程中会涉及文化内容，要进行分散的文化因素教学。因此，教师在讲授时就会碰到以下问题：在32个学时内，应该选择教授哪些成语？语言点和文化知识点应该如何分配？每个成语的文化内容都讲解还是有选择地讲解？如果是后者，又该如何选择？成语是带有很强的中国文化色彩的，在文化差异的背景下又该如何从贝宁学生的角度来解读这些成语，使其在运用这些成语之外也能够了解一些中国文化底蕴。

再比如，"中国文学"这门课程的主要任务是让学生学习一些中国文学作品。中国文学作品浩如烟海，在32个学时内不可能面面俱到。因此，教师在讲授时就会碰到以下问题：应该选择哪些篇目？现代作品或古代作品的比例如何分配？在文学作品讲解过程中也会涉及相关文化背景，是全部都讲还是选择性地讲解？是否深入中国文化精神层面？深入到什么程度？

二、文化类汉语课程教学策略

针对以上文化类汉语课程教学难点，贝宁孔子学院采取了以下教学策略。

首先，在贝宁孔子学院课程设置中，根据学生的汉语水平和课时总量，有些非文化类本科课程可以进行分散的文化因素教学，系统集中的文化知识教学则贯穿了汉语本科。至于汉语培训班，教师结合教材进行一些碎片化的讲授，不要求学生掌握。

由于是在非目的语环境中学习，为了保证学生能够有效利用课堂环境学习汉语，分散文化因素教学的比例要求不能超过整体教学内容的10％。对汉语本科一年级学生基本不进行文化因素教学，只是通过"听歌学汉语"这门课增强学生对汉语的亲近感。如果教材中提及了某些文化因素，而且和语言运用有关，教师可以视情况简单讲解，对学生是否掌握不做硬性要求。汉语本科二年级，分散的文化因素教学被融入"汉语综合（二）""初级阅读""商务汉语""语言艺术"四门课程中；汉语本科三年级，分散的文化因素教学被融入"汉语综合（三）""中级阅读""成语解读"三门课程中。综合类和阅读类的汉语课程根据教材内容，有选择性地进行文化因素教学，要求学生掌握。"语言艺术"是一门实践性的课程，与"汉语综合"和听说类课程的语言知识相配合，选择一些中国特有的语言艺术形式进行学习，并用于课外的文化活动中，让学生既能学有所用，又能对中国文化有直接的感知。"商务汉语"要求结合商务情景，在讲解商务用语的同时讲授相关的有中国特色的商务文化（包括商务礼仪）。"成语解读"是教授学生中国常用成语及其运用，会涉及文化内容。同时，如前文所言，每个年级都设有与中国国情和中国文化相关的课程。一年级的"文化对比"和"中华文明"两门课是贝宁老师用法语讲授的；二年级汉语和法语同步讲授，"中国概况"是中方老师用汉语讲授，"当代中国史"是贝宁老师用法语讲授；三年级则由中方老师用汉语讲授"中国文化"和"中国文学"两门课。

其次，综合考量，择定合适的教学内容。教师主要考量的因素有教学目标、课时总量、学生汉语水平、各课型之间的配合、文化的异同等。我们以"成语解读"和"中国文学"两门课程为例,展示如何择定教学内容。

"成语解读"和"中国文学"两门课程都在第三学年第一学期开设,共 32 学时。根据我们长期考察,按照正常的教学进度,第三学年开始的时候大部分学生能够达到汉语水平考试(HSK)三级水平,少数学生能够达到汉语水平考试(HSK)四级水平。这是择定课程教学内容时的两个考量基准。同时,教师要注意不能选择容易引起文化冲突的内容。

"成语解读"课程的教学目标是让学生掌握并运用常用成语,是以语言教学为主、文化因素教学为辅的。考虑到知识的重现率及学以致用的需求,教师主要从综合课、阅读课、文化类课程中选择成语。选择时,该成语是否常用是最主要的,是否有文化背景或者故事不是必要的。事实上,不建议选择涉及太多文化背景的成语。因为贝宁孔子学院的学生对中国文化,尤其是历史文化涉猎不多。他们对中国文化的了解基本还停留在物质文化层面。如果成语的文化背景太复杂,不仅学生很难理解,而且教学效果往往不佳。当然,文化背景简单或者源自小故事的成语是可以选择的,尤其是与那些已经被普遍认定为中国符号的文化因素相联系的成语。这样的选择既可以适当提高学生的阅读能力,又能帮助学生进一步了解中国文化底蕴。比如,十二生肖是中国民俗文化的代表性符号,几乎所有课程教学和文化读物都会提及,因此选择与十二生肖有关的常用成语,如"鼠目寸光""画蛇添足""守株待兔""亡羊补牢"等有助于学生的理解。

"中国文学"是专门的文化课程。根据贝宁学生阿帅的调研，大多数学生希望文化课程不仅讲授中国传统文化和现代文化，也能涉及中贝文化间的比较。① 限于课时总量，我们在选择篇目时以专题形式将中国古代经典作品和现当代作品结合起来，总体偏向现当代作品。专题的择定不是随机的，而是与其他课型相配合，主要选择学生已经接触过的文化内容作为专题，比如节庆文化。春节、清明节、端午节、中秋节这四大传统节日习俗，学生们不仅在课堂上有所了解，而且在孔子学院的文化活动中体验过，学习与之相关的文学作品不会有陌生感。例如，在"春节"这个专题下，教师可以选择王安石的《元日》、欧阳修的《生查子·元夕》和老舍的《北京的春节》。选择前两首古诗词，一方面是因为这一诗一词正好是春节的开始和结束，提及了春节三个重要习俗"放鞭炮、贴春联和赏花灯"；另一方面是因为它们都有对应的法文翻译，避免了学生对其意义理解上的障碍。是否有对应的法语翻译，这也是我们在择定作品时的一个重要参考因素。毕竟对于贝宁学生而言，单靠自己的汉语水平和教师的讲解来理解中国文学作品，尤其是中国古代作品，是很困难的一件事。

最后，根据学生汉语水平配置教学资料，以"学生"为主灵活多样地组织课堂教学。在我们所选择的文化教学内容中，有的是无法进行文化比较的，如十二生肖、农历等，有的则可以进行文化比较，如中贝"蛇文化意义的比较"、团圆节庆文化、祖先祭祀文化等。对于前者，切入点在于学生学习过的相关知识，由旧入新；对于后者，切入点在于中贝文化的相同点，

---

① 阿帅：《贝宁中国文化传播及其活动现状探讨——以贝宁阿波美卡拉维大学孔子学院、贝宁中国文化中心为例》，陕西师范大学硕士学位论文，2019年。

由同入异。课堂教学方式因内容而异，不拘一格，但总体要求教师避免"满堂灌"，引导学生在理解的基础上去接受、记忆，能够逐渐深入中国文化底蕴。需要注意的是，教师选用的教学材料尤其是现当代的教学材料，必须在教学开始前提前检查一下，否则可能会出现文章内容与中国现实脱离的情况，或者出现很多超纲的字词。

比如，"成语解读"这门课程选择了与"十二生肖"有关的成语，虽然贝宁没有类似十二生肖的民俗文化，不过由于之前学生已多次接触过，因此对有关十二生肖的文化知识并不陌生。在课堂教学中，由旧入新，会减少学生的陌生感。这些成语中，如"画蛇添足""守株待兔""亡羊补牢"，是有着具体的文化故事的。以这个故事为蓝本，教师可以采取很多方式引导学生，如观看视频、故事表演、课堂演讲、课堂讨论等。

再比如，"中国文学"这门课程围绕"春节"主题，教师可以选择王安石的《元日》、欧阳修的《生查子·元夕》和老舍的《北京的春节》。从文化意义上说，贝宁的新年（1月1日）和中国的春节有同有异，教师可以从贝宁的新年习俗和文化意义切入，先通过课堂讨论进行简单比较，让学生大致了解有关春节的中国文学作品。《元旦》和《生查子·元夕》虽然是古诗词，不过依靠法文翻译，学生能够明白其意思。所以在讲解一些关键的字词和段落后，教师完全可以以问题逐步引导学生，并通过一些视频的辅助，让学生了解春节对于中国人的意义。

第五章
贝宁汉语课程教学案例

第一节　通用汉语课程教学案例

一、案例1：《能不能试一试》["汉语综合（一）"课程]

　　Z老师，在贝宁孔子学院任教4年，一直承担汉语专业一年级的"汉语综合"课的教学任务，具备法语沟通能力。其所面对的学生汉语水平太多为零起点，少数达到汉语水平考试（HSK）一级水平，因此"汉语综合"课程沿用原中国国家汉办规划教材《当代中文》（法语版）。贝宁学生学习汉语的热情很高，然而贝宁孔子学院师资及教学硬件不足，因此汉语专业一直实施大班教学，一年级人数甚至多达120，非常不适合开展互动型的课堂活动。

　　我们以《当代中文》（第1册）第5课《能不能试一试》为例，进行探讨，其第一篇课文的情景为商场购物。

　　　　雅克：你好！
　　　　小姐：哟，您会说汉语？
　　　　雅克：我会说一点儿。

小姐：先生想买什么？
雅克：我想买一件衬衫。这件白衬衫多少钱？
小姐：四百二十八块。
雅克：太贵了！那件红衬衫呢？
小姐：一百六十五块。比较便宜，也比较漂亮。
雅克：好，我要那一件。
小姐：您还要买什么？
雅克：一条裤子。能不能试一试？
小姐：当然可以。怎么样？
雅克：这条太大。
小姐：那您试试这条吧，这条不太大。

学生的学习目标主要是：学会询问价钱、做出选择、表达意愿、认识人民币、了解在中国购物的一般情形。

在完成语言教学目标的基础上，Z老师设计了一场30分钟的课堂活动，帮助学生认识人民币，学习购物环境中众多物品的中文表达法，学会询价和做出选择。活动流程和内容如下：

1. 活动准备

在完成词汇及课文精讲教学以后，Z教师告知学生将要进行的相关课堂活动、活动时间及时长，要求学生在活动开始前熟悉与商场购物相关的语言表达。

Z老师所做的准备工作：

（1）各种商品，包括各种服装、日常用品、文具、书籍、食物等，找不到实物的则用图片代替。每种物品上都贴上对应的中文名称（汉字＋拼音）卡片，并设置五个不同的柜台，将商品分类摆放。

(2) 各种基础面额的人民币。

(3) 招募售货员及顾客。每个柜台前招募一名学生作为售货员助理，维持活动秩序。招募条件是已经熟练掌握课文内容及购物的相关表达方式。

2. 活动过程

(1) 利用卡片，教学生读两遍每种商品的中文名称（汉字＋拼音）；再次带领学生熟悉各种面额的人民币及其汉语表达方式。

(2) 提前将商品分柜台摆放，每个柜台一名售货员，一名顾客。

(3) 为了避免在活动过程中出现混乱失控的场面，先由提前招募好的学生扮演售货员及顾客，进行示范表演。

(4) 有意愿参与活动练习的学生，自愿组合成"售货员＋顾客"上场，每次上场5组，分散到五个柜台。

(5) 引导学生分组上场参与活动。

整个活动过程中，Z老师到各个柜台巡视，必要的时候提供指导。场下的学生主要通过观摩来复习巩固相关学习内容。

3. 活动总结

Z老师简单点评活动情况，带领学生再次回顾各种商品的汉语名称，复习重点句型：

——这件白衬衫多少钱？　　——四百二十八块。

——太贵了！那件红衬衫呢？　——一百六十五块。比较便宜，也比较漂亮。

——好，我要那一件。　　　——您还要买什么？

——一条裤子。能不能试一试？——当然可以。怎么样？

——这条太大。　　　　　　　——那您试试这条吧，这条不太大。

点评：该案例主要是通过浸润式教学法来帮助学生实现学习目标。采用模拟实景的课堂活动，让学生切实体验购物过程。由于是模拟购物实景，学生参与的积极性比较高，新增加的商品名称也对汉语程度稍好的学生具有一定的挑战性，从而能更加有效地增加学生的词汇量。学生分组轮流参与，提高了语言点的复现率，对课本内容的巩固效果很好。不足之处在于，无法进行有效的个体练习及检查。

二、案例2：《我把钱包忘在车上了》["汉语综合（二）"课程]

L老师，经过了汉语国际教育专业6年（本科和研究生）学习，具备了较扎实的汉语知识和第二语言教学基础，其教授的是贝宁孔子学院汉语专业二年级的"综合汉语"课。67名学生大部分是贝宁人，少数为尼日利亚人。贝宁官方语言为法语，尼日利亚官方语言为英语，学生学习汉语以及说汉语的习惯会受其母语的影响。学生水平虽参差不齐，但总体学习意愿较强，部分学生在一年级结束后已通过汉语水平考试（HSK）三级，个别学生已通过汉语水平考试（HSK）四级。学生平时接触的多媒体教学几近为零，除了个别家庭经济情况较好的学生能够借助互联网进行汉语学习，其他学生都是依靠课本和课堂笔记来进行学习的。

我们以《当代中文》（第2册）第11课《我把钱包忘在车上了》为例，进行探讨。

马力：哎呀，我的钱包呢？
母亲：是不是丢了？
马力：不可能呀，刚才下车的时候，是我付的钱，那时候钱包还在。
母亲：付钱以后，你把钱包放在哪儿了？
马力：糟糕！我把钱包忘在座位上了。
父亲：你怎么搞的！
母亲：现在怎么办？
父亲：赶快给出租车公司打电话。你还记得车牌号吗？
马力：我一点儿也想不起来了。
父亲：发票拿了吗？
马力：我想发票没用，就把它扔到垃圾箱里了。
母亲：钱包里有多少钱？
马力：大概五百欧元。
母亲：你把这五百欧元送给司机了。

1. 课前准备
L老师一般会放一首中文歌曲，让学生平静放松，进入上课氛围。

2. 3分钟提问预热
为了让大部分学生的汉语基础更扎实，L老师在开始上课后的前3分钟会进行提问。问题诸如：今天天气怎么样？昨天你做了什么？什么事情最让你开心？你家里有什么人？你今天晚上打算做什么？等等，均与学生之前所学内容有关。L老师会点名让学生回答问题，而不是让学生主动举手回答。因为他发现常常举手回答的都是那些汉语水平较高的、上课较活跃的学生。为了避免有的学生害怕回答不对或不好而不敢举手，L教师就采取点名的方式。

3. 模拟新闻报道

L老师邀请3位学生尽量用已学过的汉语词语和语法讲述自己知道的一条新闻，将高度专业的新闻报道变成平易近人的"小道消息"。

4. 复习学过的词语

L老师用PPT的方式呈现20个需要复习的词语，引导学生学习回忆和联想。每页PPT上只有一个词语，要求学生能读出该词语，说出其词性，并用汉语解释该词语，然后用该词语造一个句子。所造句子不能是课本里出现过的，也不能是上课时老师说过的。同样采取点名的方式，如果回答不出来可以让其他同学相助。对于个别积极举手的学生，会给多次机会站起来回答问题。之后，会让两位学生到黑板上听写词语，其余同学则写在自己的练习本上。这个环节会邀请举手的学生，因为踊跃举手的学生基本都是准备充分的，听写时不会有太大问题。台下学生的听写情况就不容乐观，有的学生能写出来大部分，忘记个别汉字；有的学生则大多都写不出来，还会写错拼音。所以，听写环节是非常必要的。

5. 学生背诵及表演课文内容

吴中伟主编的《当代中文》（第2册）中，每一课基本分为人物对话和小文章两部分。学生们可以根据人物间的对话，在理解内容的基础上将其表演出来。这样既能检测学生是否理解了课文，又能反映学生们是否已掌握并能灵活运用所学词语和句子。学生只有在完全理解课文内容并熟记词语和句子的情况下，才能进行表演。

L老师会提前给学生布置背诵并表演课文内容的任务，并在上课时邀请三组学生来表演。学生们虽然在发音上有些问题，也会偶尔忘记该用什么词汇，但都能根据课文的内容和自己理解的意思表演出来。有个别组学生的表演尤其精彩，整个过程既有爸爸在得知孩子丢失钱包后暴躁发火的情景呈现，又有妈妈安慰孩子并让孩子尽力想想如何丢失钱包的情景呈现。

6. 播放中文小视频

L老师放一个"汉语桥"往年总决赛的短视频，时长大概5分钟。大部分学生不太了解"汉语桥"，不知道"汉语桥"是做什么的，对自己有什么影响。放这个视频的目的体现在三方面：第一，让学生看看其他国家学习汉语的人是怎么说汉语的，怎么可以说得这么流利，从而激励他们要更努力地学习汉语，说一口流利的中文；第二，让学生知道学习了汉语之后，会有很多途径展示自己，甚至可以在大舞台上展现自己，让更多的人知道自己，这也是一种驱动力；第三，学生平时能接触到的汉语视听材料较少，可以借此机会让学生多了解学习汉语的途径。这是整节课中学生最喜欢的环节了。

7. 课堂学习练习

学生学习词语和课文中的句型、语法，然后阅读课文、理解课文内容，并根据课文回答相应问题。

8. 布置课后作业

点评：该案例主要描述了一节"汉语综合"课的教学设计。因为班级学生人数较多，无法进行太多互动型的课堂活动来学习新词语和语法，所以需要想办法避免让学生产生枯燥、乏味的感觉。该课堂教学设计合理，内容丰富充实；听说读写都能兼顾，且在一定程度上开阔了学生的眼界。

其一，在上课前播放中文歌曲，舒缓心情，能拉近老师与学生之间的距离。其二，提前3分钟预热，以点名的方式让班上学生都有机会站起来开口说汉语。那些不太喜欢举手的学生们并不反感，反而很开心，认为老师注意到了他们。特别是得到老师表扬的学生，其他的同学也会夸奖他，课堂教学以轻松愉快气氛开场。其三，模拟新闻播报，从准备阶段到站在同学们面前表述，就是一个学习、复习、练习的过程。收集新闻，然后用学过的汉语转述，要保证语音清晰准确，保证老师和同学听得懂，表述时要尽量轻松自如。对学生而言，这是挑战和锻炼，也是很有成就感的事情。其四，复习学过的词汇时，可以发现学生存在的问题并给予纠正。其五，短视频导入课堂，扩展学生眼界，既能增强学习汉语的动力，又可调节课堂气氛。

不足之处是新课讲解时间安排太紧。在这一环节中，老师讲解得过多，学生发挥得较少，导致学生只是被动接受词语和语法的输入，而缺少输出。在学习课文新词、新语法时，应该更新颖、有趣，多留时间让学生思考消化。

三、案例3：时间表达（汉语听说课）

这节课的教学目标是学习时间表达，并用具体时间描述自己的日常生活安排。

教学对象是120多个汉语本科专业一年级学生，汉语水平基本为零基础。教室里面只有一块白板，一台老式大喇叭音响，老师随身携带的"小蜜蜂"以及便携式投影仪。在这种教学条件下，90分钟的课堂时间不可能对每个学生做到"一对一"或者"两两对话"的听音后复述。但是，如果不重复，又达不到语音信息输入及模仿强化听音的效果。因此，任课的W老师利用教室中间过道，把整个班级很自然地分成两个组。

W老师从第一排开始，一边沿着教室中间的通道前后走动，一边拿着显示"8：20"的手机向学生展示，并用汉语说"八点二十"，学生重复；之后，W老师继续说"八点二十，现在八点二十"，学生跟着重复。这样的听说练习不断进行，从"八点二十"到"八点半"结束。当学生跟着重复说完"八点半，现在八点半"后，W老师回到讲台，大声说"上课，八点半上课"。等同学们都安静下来，W老师让学生在无文本状态下默听本节课要学习的时间表达，熟悉八点半的表达方式，重复听三遍。紧接着，W老师马上问："现在几点了？"当发现很多同学表情迷茫，明显是不懂"几点"的意思，W老师马上在屏幕上投射出时针和分针指向"8：30"的钟表盘图片，同时用教鞭指着时针指向的"8"说"八点"（强调点），指着分针指向的"6"说"半"，再连在一起说"八点半"，然后边指着图片边重复示范问答——"现在几点了？现在八点半"。

示范完成后，开始进入师生互动环节。W老师问："现在几点了？"（同时用教鞭指着屏幕上"8：30"图片）前排有同学大声说："现在八点半。"W老师走到教室中间过道，又问："现在几点了？"（转身用手指向屏幕）这个时候全班都回答："现在八点半。"W老师又问："现在什么时间了？"（指向屏幕）有同学站起来回答："现在八点半。"（W老师马上竖起大拇指表扬）。然后，面对全班提问："现在什么时间了？"全班很整齐地回答："现在八点半。"W老师继续发问："现在什么时候了？"（指向屏幕）全班答："现在八点半。"

接下来，W老师指着屏幕，分别说"现在八点半""现在八点三十分"，学生跟读。

然后 W 老师发问:"现在什么时间了?"有的回答"现在八点半",有的则回答"现在八点三十分"。W 老师在屏幕上显示"半＝三十分(钟)",并带领学生朗读。最后问学生:"你们几点上课?"学生集体回答:"我们八点半上课""我们八点三十分上课"。

学习完时间问句和时间表达方式后,W 老师把全班分为 A、B 两个组练习,一个组问,一个组答,完成后两个组交换练习。训练任务完成后,W 老师接着发问:"你们八点二十上课还是八点半上课?"学生们不明白"还是"的意思。有同学回答:"我们八点二十上课。"有学生回答:"我们八点半上课。"W 老师通过告诉学生回答对错与否,让学生对"还是"的意思和用法有直观的感受。然后以其他问题重复练习"还是"。W 老师问两遍:"老师几点进教室?"第一排几位同学回答:"老师八点二十进教室。"在表扬学生回答正确后,W 老师指着自己重复:"老师八点二十进教室。"然后,W 老师用"还是"继续发问:"老师八点二十进教室还是八点半进教室?"重复问到第三遍后,基本上全班都能正确回答。随后,W 老师走到第二排指着一位同学(小张)问全班:"她是小张还是小王?"全班都回答:"她是小王。"这时,屏幕上显示出生词"还是",教师对其"表示选择"的意义稍加解释,学生就明白了。

完成第一阶段的学习后,W 老师继续进行时间点和时间段的学习。屏幕显示"9:08",老师走到第二、三排问:"现在几点了?"有学生站起来大声说:"现在九点八分。"老师纠正:"现在九点零八分。"全班跟读:"现在九点零八分。"屏幕又显示"9:15",老师走到第二、三排问:"现在什么时间了?"全班回答:"现在九点十五分。"老师表扬全班回答正确后,继续指着同一图片说:"现在九点十五分,现在九点一刻。"同学们跟读:"现在九点十五分,现在九点一刻。"这时,屏幕上显示"十五分(钟)=一刻(钟)"。

学生学会时间点表达后,紧接着学习时间段:上午、中午、下午、晚上。星期二上午的课是听说课,学生都很清楚。于是,W老师将日历投影到屏幕上,指着今天的日期说:"今天是星期二,今天上午我们有听说课。我们中午12点下课,12点半吃午饭;下午一点钟上'综合汉语'课;昨天是星期一,昨天下午我们有写字课;明天是星期三,我们没有课。"重复3遍,学生先听,然后跟说。之后,师生互动,W老师向学生发问:

"今天是星期几?今天上午你们有听说课还是写字课?你们几点吃午饭?"

"明天是星期几?你们每天都有课吗?星期一你们有口语课吗?"

绝大多数学生都能回答正确,表明已经基本掌握了时间表达。

随后,W老师播放音频让学生熟悉语音资料,听音频后回答问题:"女生什么时候上课?女生几点吃午饭?今天女生不上课,今天星期几?"学生回答完问题后,模仿音频内容进行相互问答。当学生听熟,并通过模仿进而正确发音后,屏幕上显示出学生日常活动的汉语生词:

起床	洗脸	刷牙	洗澡	吃早饭
上学	吃午饭	上课	下课	放学
踢足球	打篮球	复习功课	学汉语	吃晚饭
跑步	听音乐	上网	洗澡	睡觉

在学生熟悉语音并正确认读的同时，W老师通过图片或动作让学生明白这些词的含义。

待学生明白词义后，W老师再次在屏幕上投影出以上汉字（加注拼音），让学生自行拼读。然后，W老师消除拼音，随机指出图片，让学生站到过道中间表演，让其他学生说出正确答案。

接下来的环节，W老师关闭屏幕，要求学生在日常活动前加上具体时间，如："W老师早上七点起床。"这句话里，学生可以说出活动具体时间"W老师早上七点"，但"起床"只能用动作表演出来。表演完后，其他同学根据他的动作要能正确说出"他/你早上七点起床"的完整句子，或者说出问句："他/你早上几点/什么时间/什么时候起床？"

最后，W老师布置作业让学生用学过的时间问句和时间表达询问朋友一天的日常活动并记录下来，在下次新课前抽查，让学生描述朋友一天的活动。

点评：该案例主要描述了一堂初级汉语听说课的教学设计。语言学习时，听、说、读、写四项基本技能中，听总是先于说。听力课也是口头模仿课，是汉语零基础的学生获得第二语言正确语音示范的主要来源。学生首先听取录音，熟悉语音发音，了解目标语言的语音特性，同时进行口头模仿，多次复述，才能真正实现语音信息的输入。如此反复，最后才能延伸到语言基本技能的第二阶段"说"，达成信息的输出，这才是学习语言口头表达的一个完整过程。从这一点也足以看出"听""说"密不可分的关系。因为恰好"初级听力"和"初级口语"课程在同一天上课，于是W老师在进行教学时就把两者内容相结合，这样更能巩固学生的汉语知识。

在教学开展过程中主要面临以下两个问题：一是学生人数多且汉语水平零基础，教学设备落后；二是在有限时间内，在120人的大班教学中怎样才能更好地做到使每个学生都有实践并纠错的训练机会。W老师借助白板、一台老式大喇叭音响，以及老师随身携带的小蜜蜂和投影仪，利用教室中间的过道，把整个班级很自然地分成两个组。同时，拿着手机向学生展示时间，在教室来回走动，便于前后排学生都看得见。

除此之外，W老师还通过对知识点的不断重复讲解、练习，通过多听、听练结合、重点突出的阶段强化（训练），让学生掌握汉语时间的基本表达方式。之后，W老师再说出与学生日常生活相关的汉语生字，让学生熟悉语音并能正确发音复述，并通过图片、动作让学生理解意义。师生互动，生生互动，活跃了课堂气氛，也达到了教学目的。

四、案例4：声调校正（"汉语正音"课程）

众所周知，声调是汉语的重要特点之一。在汉语中，声调是区别意义的重要组成部分，一个语音由于声调不同就可以表示不同的意义。与大多数国家的学生一样，声调同样是贝宁学生学习汉语的难点。

汉语教学一般都从声母、韵母以及声调教学开始，正确发音是学好汉语的关键点之一。贝宁孔子学院一年级的学生大多都是第一次接触汉语，加之时间有限，教师不可能太过关注学生的声调问题。贝宁孔子学院一年级的学生经过两次课的学习后，大部分已经能正确认读四种声调，但发音仍然不是很准确。特别是第一声与第四声、第二声与第三声容易混淆。在前两次课堂教学中主要是模仿性、机械性练习，学生在教师领读时不易犯错，但自己读的时候则容易犯错。基于这样的现象，W 老师决定用"M 法"进行声调教学，帮助学生读对声调。

"M 法"主要是把字母 M 分成三个部分，左边的一竖看作第一部分，中间的 V 字形看作第二部分，右边的一竖看作第三部分，分别代表汉语声调中的第二声、第三声、第四声，写法也刚好和汉语的第二、三、四声比较像，学生容易记住。第一声用一条与字母 M 底部同一水平线上的一条线段表示，类似于汉语第一声的写法，这样四种声调都有了。按照所讲的那样，W 老师把图形画在黑板上，很多同学瞬间就明白了，形成了更深刻的印象。在举例的时候，W 老师告诉学生假想自己是在爬山，那么先要平行地走到山底（这是第一声），然后开始向上爬，爬到第一座山的顶点（这是第二声），在山顶休息后下山再登上第二座山的山顶（这是第三声），最后下山回家（这是第四声）。通过这样的讲解，学生理解得更透彻了。随后，W 老师带着学生进行声调练习，明显地感受到学生读得更准确了，让单个学生进行听读，效果也比较好。就在这种重复练习中，学生对声调的准确性掌握得越来越好，也能轻易明晰四种声调的不同。

课后，W 老师随机询问了几位同学，他们都反馈说用这个方法学习声调很不错，印象比较深刻。当记不住的时候，他们想一想字母 M 就能够记起来，比较形象、生动。

点评：该案例主要描述了一种纠正汉语声调的教学方法。大多数贝宁学生都是第一次接触汉语，极少学生曾在其他地方上过兴趣班，但都不是专业教学，之前的教师可能不太注重学生的声调问题，导致学生一时很难掌握声调。对于教师而言，如何用简单明了的办法让学生理解具有很大的挑战性。W 老师通过在网上查找相关的教学资料及视频,请教贝宁孔子学院其他老师,结合学生的具体情况,采用"M法"进行声调教学,有效帮助学生快速高效地读对声调。

整体来说,该教学方法为大部分学生所接受,学生反映比较好,印象深刻,学起来更容易。但是因为语言沟通上的障碍,以及学生的学习习惯不同,也有的学生认为不太好理解或者是有一点麻烦,这就要求教师在教学过程中还要继续探索更多样化的教学方法。

五、案例5:和十二生肖有关的成语("成语解读"课程)

Z老师所承担的"成语解读"是贝宁孔子学院三年级学生的必修课程,教学时长为32学时,没有现成教材。

Z老师在贝宁孔子学院任教三年多,对三年级学生的汉语水平和学习习惯比较了解。这是一个由40多个本地学生组成的班级,学生汉语水平参差不齐,但这个班有一个很大的优点,就是大家的集体观念很强,学习上互帮互助。

就教学内容而言,成语教学必然是这门课程的核心内容。汉语中的成语多达数万个,常用的就有数千个。想要在32个课时内把常用的几千个成语逐一分析解读,是不可能完成的。但是,这门课程在对外汉语教学中具有非常重要的意义。成语内容广泛,涉及历史、自然、文学等各个领域,其中蕴含着广博的科学、文化知识,饱含哲理,可以称得上是中国文化的一个微缩景观,是了解和学习中国文化的一个窗口。因此,Z老师将教学目标设定为让学生认识汉语中"成语"这一特别的语言现象,掌握一些常用成语的特点,并能将其运用于汉语表达中。

同时，通过成语背景，学生能更深入地了解中国文化及其精神。

考虑到知识的重现率，以及学以致用的需求，Z老师主要从综合课、阅读课、文化课中选择成语，尤其是那些与中国符号相关的成语。以下为"和十二生肖有关的成语"的课堂教学案例。

1. 预热环节：复习"十二生肖"

Z老师在PPT上展示"十二生肖"图片，向学生提问："这是什么？"等学生正确回答后（如学生无法正确回答，可引导），Z老师指着图片逐一提问："这是什么生肖？"问答完毕，Z老师请两个同学在黑板上各写出6个生肖的拼音和汉字，其余同学写在练习本上。然后Z老师领读，学生集体跟读。

2. 成语学习环节

第一，整体介绍。根据教学目标以及学生汉语水平，Z老师事先选择了"狐假虎威、守株待兔、画蛇添足、塞翁失马、亡羊补牢、闻鸡起舞"6个成语。Z老师带着学生反复读三遍；然后请学生上讲台，一边听老师读，一边为成语标注拼音，完成后对其纠正，并带领学生读成语；再请学生单独读，先按顺序读，再打乱顺序读；最后齐读所有成语。

第二，进行单个成语讲解。Z老师擦去其他成语，只留下"狐假虎威"。接着在黑板上示范汉字书写，学生在练习本上跟写，并标注拼音。

Z老师放映"狐假虎威"的动画视频，接着下发视频的文字资料，带领学生朗读三遍，再次放映视频；然后，学生根据资料上给出的问题结合视频作答；最后，学生先阐释这个成语的意思。Z老师根据学生回答的情况，对这个成语补充解释，在PPT上展示字词解释（狐：狐狸；假：借；虎：老虎；威：威风)、成语字面意义及其真实含义。随后,Z老师结合生活实际,给出图片(主人在身边的小狗和主人不在身边的小狗),举例:小狗看到主人在身边,马上狐假虎威地对大狗叫起来。其余5个成语的讲解都按照这个程序处理。

第三,布置课后作业。书面作业是抄写6个成语(标注拼音)及成语的意义,每个成语写个句子。表演作业是选同学组成6个小组,每组分角色表演6个成语,于下节课展示。

点评:该案例主要是关于自编成语教材的一种尝试。成语在表达上既能简化语言,又能增强语言表现力,在一定程度上代表着使用者的汉语知识水平和语言能力。对于汉语学习者来说,成语学习是重点,也是难点。掌握一定数量的成语是学好汉语的必然要求,有助于学习者了解中国文化的思维方式、风俗习惯,增强对中国文化的认同感,减少由文化差异引起的误解。遗憾的是,目前对外汉语教学中成语教材的编写非常欠缺。因此,贝宁孔子学院的老师结合教学实践进行了尝试,认为编写成语教材时应注意三点:一是常用性,即编入的成语应具备使用频率高、使用范围广的特点;二是代表性,要选取那些已经被普遍认定为中国符号的成语;三是重现率,选成语时尽量考虑其组成汉字是学生已经学习或者接触过的,避免学生不能识读的情况。

六、案例6:《懒人家的狗》("初级阅读"课程)

C老师负责的是大学二年级"初级阅读"课程的教学任务,这是学生第一次接触此类课程,也是C老师第一次接触此类课程,对师生来说都是一个比较大的挑战。

在上课前,通过询问班长,C老师对班级情况有了进一步的了解。上课开始，C 老师先简单进行了自我介绍，表达对贝宁和学生的喜爱；再随机请几个同学进行自我介绍，顺便检测一下学生的汉语水平。

今天学习的是第一篇课文《懒人家的狗》。

有这样一家人，全家人都非常懒。家里的家务活很多，比如做饭、洗衣服、打扫房间等，可是谁也不愿意干。爸爸叫妈妈做，妈妈叫哥哥做，哥哥又叫妹妹做，妹妹就叫小狗波比去做。

有一天，来了一位朋友，看见小狗波比站在椅子上，正在擦桌子。"天哪，这只狗真聪明，还会做家务！"朋友大声地说。

"没办法啊，他们都太懒了。"小狗波比说。

朋友大吃一惊，说："这只狗还会说话！"

波比立刻接着说："小声点儿！如果让他们听到我会说话，下次他们会叫我去接电话。"

C 老师在上课前已经告诉学生要提前预习课文。狗是学生生活中比较常见的动物，C 老师通过图片导入课堂教学，刚一展示出图片，学生们就大声说出"狗"。接着，C 老师向学生提问："你喜欢狗吗？""你家有狗吗？""你觉得你家的狗怎么样？"问题一出，学生纷纷举手示意要回答。有的学生说喜欢狗，有的学生说不喜欢狗，还有的学生说不知道，C 老师对学生的回答都给予了肯定。课堂气氛越来越热烈，有点快失控的感觉。此时，C 老师赶紧拍手三下，吸引了一些同学的注意。马上就有学生问："老师，你怎么了？"学生的提问让 C 老师明白了自己的失误，因为在开始上课时没有说明上课指令，学生不明白老师要做什么。C老师立刻向学生做了解释，教室内很快安静了下来。

在讲解课文之前，C老师会把所有的生词以及较难的词语罗列出来，一一讲解。在讲解的过程中，偶尔会有学生不认真听讲，C老师便及时提醒学生。在讲到某些生词时，一些基础较好的学生举出了难度较高的词语或句子，请老师解答。C老师对每个问题都详细解答，但这样容易打断教学进度，而且很多同学并不明白这些问题，因此C老师告诉学生除了与课文相关的问题，其他问题都留在课后处理。这样教学顺利了很多，其他同学也听得更认真了。在讲解词语时，C老师把课文中含有生词的句子摘录下来配合讲解，这样有助于学生更好地理解课文内容。

生词讲解完后，C老师开始讲解课文。首先是对课文内容进行提问，检验预习情况。在提问的过程中，C老师发现很多学生，包括水平较好的学生并不能正确回答。起初以为是没有预习，但检查后发现并不是学生没有预习，而是读后难以保持印象。针对这种情况，C老师教给学生"五重视"方法：重视题目、重视段落、重视重点词、重视重点句、重视读后写。随后，C老师以本堂课文为例，带领学生一起完成阅读。C老师首先点几个程度不同的学生读课文，并读出自己划的重点词及重点句，其他学生则边听边与自己的对照，这样相互对比，学生印象更加深刻。第一步结束后，C老师带领学生一起确定重点语句，并对学生读音出现共通性错误的地方进行纠正，纠音时多鼓励，增强学生的自信心和积极性。最后，C老师带着所有学生利用关键词及重点句一起复述课文内容，加深学生对课文的印象，也为做练习题做好准备。学生将文章读得越通透，做练习题的时候就越轻松，也更容易获得成就感。

运用同样的方法，C老师和学生们一起完成了剩下的段落阅读。学生的阅读效果明显提高，他们对教师的提问虽然不能用完整流利的汉语进行回答，但是基本都能说出答案的关键词或重点句。C老师尝试让学生复述课文内容，个别学生也能够说出一些。在学生的课本上，各种符号和字词虽然显得凌乱，但都是学生自己做的笔记。就这样，在老师的指导下，学生顺利地完成了阅读，掌握了课文内容，完成课后练习题也轻松了。

点评：阅读是汉语学习过程中重要的一环。该案例主要描述了缺乏实际教学经验的老师如何上好第一次汉语阅读课。C老师在学校期间虽然学习了相关的理论知识，但缺少实践，教学经验不足。因此在贝宁孔子学院初次面对贝宁学生要完成从学生到教师的角色转换，不可避免地存在一定的心理压力。针对缺乏教学经验的问题，C老师备课时可在网上查询很多相关的教学视频进行学习，可多向有教学经验的老师请教；针对角色转化导致的心理压力等问题，需要多加练习，多加尝试，放平心态面对可能遇到的问题，寻求合适的解决办法，遇到困难时可以向其他老师求助；针对课程安排以及教学方法选择的问题，每个老师都有自己的教学方法与技巧，C老师可在借鉴和参考他人的基础之上融入自己的想法，创新教学方法，合理运用现代化的教学技术手段，努力达到更好的教学效果。

整体来看，此次汉语阅读课教学基本没有太大问题，完成了教案既定的教学内容。但是在教学的过程中，对课堂突发状况灵活处理的能力还有待提高，教师需要让学生更明确自己的教学指令，师生间的磨合还待进一步加强。

本次阅读课结束后，C 老师询问了学生们对这堂课的意见，大家都比较认可老师教的阅读方法，认为这样能够更高效地阅读；也有的学生希望老师导入课文的方式更加丰富多样，提问后给更多机会及思考时间。总体而言，学生的反馈还是不错的，C 老师今后可根据学生的意见向有经验的老师请教，采用更多更好的教学方法，不断提升教学水平。

七、案例7："也/都/全"的常见偏误（"汉语词汇学"课程）

S 老师所教授的是汉语师范本科专业二年级的学生，其平均年龄为 23 岁，共 20 名学生，学生的汉语水平参差不齐。因无合适的教材，S 老师自己编写了讲义。

本堂课的教学内容是"也/都/全"的常见偏误和"也/都/全"的教学方法，教学目标是让学生能够判断并纠正"也/都/全"的常见偏误。备课时，S 老师设计了以下教学环节：

1. 热身练习

S 老师从学生"汉语综合"课程已学过的句子引入，复习"也/都/全"的基本用法。

2. 新知呈现

（1）"也/都/全"基本格式的一些细微差别：用相同要素构成不同句子，或变换句式来完成。

（2）"也/都/全"的误用：用对比法引出正确的使用条件。

（3）偏误纠正教学方法说明及应用。

3. 练习与巩固

（1）课堂语法练习，巩固"也/都/全"的知识点。

（2）课后作业布置。

在实施热身环节的过程中，S 老师发现经过一个假期，由于缺乏练习和复习，大多数学生对汉语有了一定的生疏感，通过已学过的、与"也/都/全"有关的句子可以帮助学生温习旧知识。从教学情况看，汉语水平低的学生开始时表情有些茫然，随着旧有知识的激发慢慢进入状态，变得活跃起来，不再回避教师的目光。

新知呈现环节，从课堂情况看，学生其实对偏误不太敏感。如果所举例句是学过的或者近似的句子，学生能够对错误及时做出反应；一旦例句复杂点，或者有新词出现，大多数学生就会反应迟钝，甚至看不出错误。偏误纠正教学方法说明部分，学生是师范专业的学生，所以 S 老师还要让他们学会如何教。因为是该学期的第一堂课，学生还不是很明白自己课堂所学与未来职业之间的联系，所以开始还有一些茫然。但经教师引导，学生逐渐有所了解，可以跟上教师的节奏。

练习与巩固环节，从课堂语法练习情况来看，学生已掌握本课知识点。但受限于学生的汉语程度，句子的完整性还待提高，汉字的书写也需要提高。课后作业是将学生分成三个小组，分别给一个例句，要求他们在下次课上展示如何纠正偏误。

点评：该案例主要展示了一堂成功的"汉语词汇学"课程，以"也/都/全"偏误分析和讲授为主题。偏误的发现和纠正，要运用针对性的教学方法，让学生知其然，更要知其所以然。但是不能用理论化的、复杂的术语解释，必须用例句，用学生能够理解的例句，同时例句能够有效展示异同和正误产生的原因。教师在讲解过程中所用的教学方法，也是学生要学习并用于日后汉语教学中的，将会在教学中不断传承下去。

第二节　专门用途汉语课程教学案例

一、案例1：工程材料采购（"工程汉语"课程）

贝宁乃至西非地区有不少中资公司在进行公路基础建设，需要很多具有一定专业知识的翻译人员。针对这种情况，贝宁孔子学院在汉语本科专业设置了"工程汉语"选修课，以满足市场需求，提高毕业生的就业率。

S老师所任教的班级是贝宁孔子学院汉语本科专业二年级，学生平均年龄为23岁，共74人，汉语水平参差不齐。因"工程汉语"缺乏合适的教材，S老师就自编讲义。

本次课程通过工程汉语材料识别、记忆与采购教学，教会学生在工程材料采购中简单的讨价还价。S老师的具体教学环节设计如下：

1. 热身练习：看图识别工程汉语材料

S老师在上次课程结束时，布置了课后作业，要求学生对照图片，复习并记忆工程汉语材料。所以，本节课热身练习就以作业检查形式进行。检查分两步。第一步是针对全体学生的一个小测试。教师发给每个学生一张纸，然后展示图片，要求学生写出每种材料的名称（最好写汉字，做不到也可以用拼音）。第二步是随机抽取两名学生。教师展示另一组图片（顺序变化），一名学生读，另一名学生在黑板上书写，然后由教师引导学生进行纠正。纠正完毕后，师生一起看图片，并再次读出材料名称。

2. 新知呈现：材料采购中的讨价还价

（1）采购中的常用词汇和句式讲解。

因为学生已经学过讨价还价，所以 S 老师先让学生从生词表中选出他们已经学过的词，然后由这些词引出他们对"买东西"对话的记忆。S 老师再展示以前学过的"买东西"的对话，接着任意给两到三个工程材料，让学生进行替换练习。

（2）提出问题，分解句式练习。

如果购买工程材料，该问些什么问题？S 老师以"手机"为例引入要问"好不好""贵不贵"，讲解"质量""价格"，指定一个工程材料练习分解对话。

如果购买得多，应该怎么问价格？S 老师以"手机"为例引入"单价""总价""找零"，指定一个工程材料练习分解对话。

如果觉得贵，应该怎么讨价还价？S 老师以"手机"为例引入"标价""最低价"，指定一个工程材料练习分解对话。

学生两人一组，以学过的工程材料练习所有分解对话，然后 S 老师随机抽查。

（3）综合练习对话。

用各种形式集体练习讲义中的"对话"，包括师读生听、师领读生跟读、师生齐读、学生齐读等，学生分角色朗读，熟悉对话。

（4）替换练习。

S 老师带领学生进行"我买你卖"替换练习，让学生熟悉练习过程。

3. 作业布置

学生两人一组，在课后完成"我买你卖"练习。下次上课的时候，S 教师会抽查 10 组学生，让他们不看教材完成场景对话。

在实施教学的具体过程中，在热身环节，S老师从交上来的图片识别作业和学生自己随堂听写练习，发现绝大部分学生下课后是认真复习了的。不过因为基础不一，完成情况有明显差异；同时，暴露出在拼音和汉字书写上的一些比较集中的问题。因为有图片支撑，学生对工程材料名词接受度比较高，注意力也很集中。

新知呈现环节，分解对话练习阶段比较难。一是因为学生没有从商的经验，S老师只能从学生比较熟悉的"买手机"引入场景来讲解；二是受限于学生的汉语水平，S老师要尽可能在课堂语言上化繁为简。

综合对话练习和替换练习，因为有教师的带领，又是集体练习，学生完成情况较好。但在学生自行练习时，S老师明显发现不同汉语程度的学生在完成时差别很大。

点评：该案例主要描述了一堂成功的以"工程材料采购"为话题的汉语听说课。专门用途汉语教学中的很多专业词汇是超纲的，对大多数学生来说有一定难度。由于缺乏实际经验，学生要理解采购中的一些词，比较困难，再加上对话篇幅长，难度就更大了。

S老师首先充分利用图片和视频来解决专业领域词汇，反复进行机械练习；其次以旧引新，化繁为简，以贴近学生生活的场景来帮助理解；最后在长段对话教学中采用替换练习、分句式练习、综合练习等多种方式，有效加深学生对知识点的认识和理解。

S老师在课前对学生的水平有一定的评估，根据学生的具体情况进行教学设计，在学生水平参差不齐的情况下充分利用图片和视频等辅助手段讲解专业领域词汇。此外，替换练习、分句式练习，综合练习，反复进行机械式练习等，也让学生进一步理解了知识点。

二、案例2：欢迎宴会（"商务汉语"课程）

T老师承担着贝宁孔子学院汉语专业本科二年级的"商务汉语"课程的教学任务，使用的教材是北京大学出版社的《新丝路高级商务汉语综合教程I》。我们现以T老师所讲的第一单元"欢迎宴会"为例。

协会会长：欢迎，欢迎。欢迎您率团访问中国，访问我市。

代表团团长：非常感谢您的邀请，使我们有幸能够来到中国，来到上海，亲身体验和感受你们日新月异的发展变化。

协会会长：不客气，希望你们在上海期间过得愉快。怎么样，长途飞行很辛苦，时差倒过来了吗？休息得还好吗？

代表团团长：很好，飞机很平稳。我们到上海以后，您的同事给予了我们热情周到的照顾，使我们感到宾至如归。

协会会长：那太好了，请入席吧，我给你们接风洗尘。

代表团团长：会长先生在百忙之中设宴款待我们，使我们备感荣幸。

协会会长：哪里哪里。中国有句古话："有朋自远方来，不亦乐乎？"热情好客，是我们中国人的传统。来，让我们举杯，为友谊与合作干杯！

代表团团长：对，为友谊与合作干杯！

练习完书上的内容后，T老师补充了一些中国人吃饭的礼仪——座位问题和餐具的使用问题。关于座位，T老师主要介绍了以右为尊的规则。T老师先问同学们贝宁的餐桌形状及座次安排，学生们说贝宁的餐桌是长方形的，宴请时最重要的客人坐在长方形桌子的一头，两边的位子是一样的，不分主次。T老师在黑板上画了一张圆桌，告诉他们在中国最重要的人坐在中间，其他人以右为尊。然后T老师请大家一起为课文中出现的人物安排座位，以此来巩固所学知识。

关于餐具，T老师告诉学生们吃饭时把筷子插在米饭中间是很不礼貌的行为，因为在中国只有在祭祀的时候才会那样做。

T老师在上课时想到，既然介绍了中餐座次、中餐礼仪，那么也应该介绍下中国菜系。于是，T老师在无准备的情况下给学生们讲了中国的八大菜系。因没有直观形象的感受，学生们感觉这堂课枯燥乏味、逻辑性不强。

点评：本案例涉及商务汉语中的商务礼仪问题。每节课讲多少内容？教学目标是什么？这是每位教师在备课时都应考虑的问题。一般来说，教师会依附教材，根据学生的实际汉语水平来确定教学目标，同时会给学生拓展一些教材外的知识。本案例中的T老师在"商务汉语"课上讲解中国的餐桌礼仪是很有必要的。T老师先让学生介绍了贝宁人餐桌入座的礼仪，然后通过对比来介绍中国的礼仪，使学生能更好地理解两国就餐礼仪的差异，这是值得肯定的。

除了座次，饮食方面还有很多规矩需要学生了解。T老师也深知这一点，可讲什么、怎么讲却是很多新手教师不好把握的。这就要求教师在备课时，首先要充分了解所要拓展的知识体系，做到心中有数。比如 T 老师就应该了解餐桌礼仪都包括什么，如座位的顺序、餐具的摆放、吃饭的习惯、喝酒的礼仪等。其次要分清主次，围绕教材选择补充的内容。教师在讲课时要放弃与本课程关联不大的内容，否则会让语言课变成纯粹的文化课。如果是要讲授跟客户去饭店的内容，补充座次方面的文化介绍很有必要；如果是吃中国菜，则可适当补充一些常见的菜名。总之，在专门用途汉语课程教学中，文化的导入和介绍是辅助性的，不可喧宾夺主。

第三节 文化类汉语课程教学案例

一、案例1：《对面的女孩看过来》（"听歌学汉语"课程）

歌舞是贝宁人生活的一个重要组成部分，贝宁人经常会用歌舞去表达他们的情感。贝宁学生从小受到这样的环境熏陶，很多人能歌善舞。

单纯的语言学习相对比较枯燥，加上又是在非母语环境中学习，学生更容易产生畏难和厌倦感。"听歌学汉语"这门课基于贝宁学生能歌善舞的天赋，把汉语学习和他们生活息息相关的歌舞联系在一起，巩固习得的语言技能，激发学生学习汉语的积极性。

我们现以 S 老师所讲授的歌曲《对面的女孩看过来》为例，引导学生学习和巩固一些方位词的使用。

"听歌学汉语"这门课的学生人数较多，其汉语水平多为零基础或汉语水平考试（HSK）一级，教学设备落后。120 多个学生在一间板房里上课，里面就一块白板，一台老式大喇叭音响，以及老师随身携带的小蜜蜂和投影仪。

"听歌学汉语"这门课上，"听歌"是教学方式，"学汉语"才是教学目的。S老师在让学生熟悉旋律的同时，尽可能地听清歌词发音，进而模仿歌唱；等对歌词发音听熟悉后，S老师再讲解关键生词，让学生从听觉、视觉两方面有机结合起来感受汉字，更有效地实现语言学习的认知。

《对面的女孩看过来》这首歌的旋律比较简单。教学一开始，S老师就把这首歌曲通过大音响完整地给全班同学播放了三遍。等大家熟悉了旋律后，S老师再播放三遍视频。第一遍播放时，让同学们边听边看漫画版的故事情节，尽量通过视频内容去理解汉语歌词；第二遍播放时，S老师只播放有纯汉语歌词（不带拼音）的视频，同学们边听边看汉字，加深对歌词的印象；S老师第三遍播放有漫画故事情节并有汉语歌词（带拼音）的视频，把汉字的音形结合起来。三遍播放结束时，同学们对整首歌曲已经基本熟悉，有的同学还能哼唱出前两段的大部分歌词。

这时就到了"听歌""学汉语"的环节。歌曲第一段和第二段重复的关键句子是"对面的女孩看过来"。重点一是操练"对面的"；重点二是操练"看过来"的"看"。由于班级人数较多，每个同学单独训练的话时间肯定不够，S老师便采用"一带多"的形式。S老师站在讲台上，面对第一排的同学，指着和S老师正面相对的女同学A问大家："她是男孩还是女孩？"同学们一起回答："她是女孩。"然后S老师继续用手示意着女同学A说"女孩过来"。看懂了S老师的手势后，女同学A从座位上走出来。S老师继续用汉语说"站过来"，并用手势示意她站到老师身边。这样,同学们就明白了"过来"前面加上动词"站"的意思是"从远到近站在说话人身边某个位置"。紧接着,S老师转身面向女孩A,指着自己的脸说"面",接着又立刻指着女孩的脸说"对面"。这个动作S老师在全班同学面前反复演示了三遍,等大家都明白"面对面"的意思后,S老师带领全班说"面对面",然后指着女孩A说"对面的女孩是A",再让女孩A回到座位。最后,S老师拍拍手引起全班的注意,随意走到任何一位同学面前,向全班发问:"对面的女孩/男孩是?"全班一起大声说:"对面的女孩/男孩是B、C、D……"

S老师再次播放歌曲第一段,然后让同学们自己唱。有男同学E主动站起来侧着身子对过道对面的女同学唱:"对面的女孩看过来……"而过道对面的女同学则回唱:"对面的男孩看过来、看过来……"他们唱完以后,S老师分别指着前、后排的同学说:"前面的""后面的",于是前排的同学转过身和后排同学对唱:"后面的同学看过来""前面的同学看过来……"有些同学还自发唱:"中间的同学看过来……"在同学们学唱的同时,S老师把"前面""后面""中间""对面"四个词写在黑板上。至此,歌曲第一部分的要点就学习结束。

点评:该案例主要描述了一堂"听歌学汉语"课。借助歌曲学习汉语,学生的学习兴趣较高。本次课程,S老师首先通过反复播放歌曲,让学生熟悉歌曲。S老师每次播放歌曲带有不同的目的,通过视频中的故事情节让学生理解歌词,在熟悉旋律的同时熟悉正确发音,并加深对汉字的印象。随后,S老师重点操练"对面的"及"看过来"的"看"。由于班级人数较多,S老师采用"一带多"的形式,选择一个学生为代表和老师互动,为全班学生做示范,然后再让学生们模仿。这样,学生的参与感更强,更容易让学生理解。最后 S 老师再次播放音乐,暂停后让学生自己唱,提高了学生的课堂参与度与积极性,也掌握了几个关键的方位词。通过多听多唱、听练结合、重点突出的阶段强化训练,S 老师达到了本节课的教学目的。

二、案例2:儒家和道教("中国概况"课程)

"中国概况"是贝宁孔子学院汉语专业二年级学生的一门文化课,在一年级的时候,本土老师已用法语开设了"中华文明"和"文化对比"两门课程。"中国概况"这门课程主要是从中国的政治、经济、文化、历史、地理等方面向学生简单介绍中国情况,使学生对中国有大致了解。我们现以 W 老师讲授的主题为"儒家及道家"的"中国概况"课程为例,这节课主要介绍春秋战国时期百家争鸣的先秦思想流派的文化及其对整个中国文化的影响。

1. 复习上一课内容

盘古开天地、黄帝、尧舜禹、历史上第一个奴隶制王朝夏朝、商汤建立商朝、周武王建立周王朝。

2. 引入本课主题

(1) 中国传统文化的主流思想是什么?创始者是谁?你还知道中国哪些主要的传统思想流派?

(2) 关于孔子,你知道些什么?老子是谁?

(3) 介绍孔子和老子,《论语》和《道德经》。

孔子,中国古代思想家、教育家,儒家学派创始人。孔子开创了私人讲学之风,倡导仁义礼智信。有弟子三千,其中贤人七十二。他曾带领部分弟子周游列国十三年,晚年修订《诗》《书》《礼》《乐》《易》《春秋》六经。孔子去世后，其弟子及再传弟子把孔子及其弟子的言行语录和思想记录下来，整理编成《论语》。该书被奉为儒家经典。孔子是当时社会上的博学者之一，被后世尊称为孔圣人、至圣先师。其思想对中国和世界都有深远的影响，孔子被列为"世界十大文化名人"之首。

老子，中国古代思想家、哲学家、文学家和史学家，道家学派创始人和主要代表人物。老子是世界文化名人，世界百位历史名人之一，与庄子并称老庄。在道教中，老子被尊为道教始祖，称"太上老君"。在唐朝，老子被追认为李姓始祖。老子思想对中国哲学发展具有深刻影响，其思想核心是朴素的辩证法。在政治上，老子主张无为而治、不言之教。老子传世作品《道德经》，是全球文字出版发行量最多的著作之一。

3.《论语》《道德经》选读
(1)"性相近也，习相远也。"(《论语·阳货》)

性：指先天素质；习：指后天习染，包括教育与社会环境的影响。句子大意是人的本性是相近的，由于习染不同才相互有了差别。

(2)子曰："吾十有五而志于学，三十而立，四十而不惑，五十而知天命，六十而耳顺，七十而从心所欲不逾矩。"(《论语·为政》)

有：同"又"；立：站得住的意思；不惑：掌握了知识，不被外界事物迷惑；天命：指不能为人力所支配的事情；耳顺：一般而言，指对那些于己不利的意见也能正确对待。从心所欲不逾矩：从，遵从；逾，越过；矩，规矩。句子大意是孔子说："我十五岁立志于学习，三十岁能够自立，四十岁能不被外界事物迷惑，五十岁懂得了天命，六十岁能正确对待各种言论，不觉得不顺，七十岁能随心所欲而不越出规矩。"

(3) 子曰："学而时习之，不亦说乎？有朋自远方来，不亦乐乎？人不知，而不愠，不亦君子乎？"（《论语·学而》）

子：中国古代对于有地位、有学问的男子的尊称，有时也泛称男子。《论语》中"子曰"的"子"，都是指孔子。时：在周秦时代，"时"字用作副词，意为"在一定的时候"或者"在适当的时候"，也可以解释为"时常"。习：指演习礼、乐，复习诗、书，也有"温习、实习、练习"的意思。说：同"悦"，是"愉快、高兴"的意思。乐：与"说"有所区别，悦在内心，乐则见于外。愠：恼怒，怨恨。君子：《论语》中的君子，有时指有德者，有时指有位者，此处指孔子理想中具有高尚人格的人。句子大意是孔子说："学习又时常温习和练习，不是很愉快吗？有志同道合的人从远方来，不是很令人高兴的吗？人家不了解我，我也不怨恨、恼怒，不也是一个有德的君子吗？"

4. 作业布置

（1）复习本次及之前课堂上介绍的知识点。

（2）课后阅读《论语》及其解释，摘录你喜欢的部分，在下次课堂上与同学们分享。

（3）观看易中天关于《先秦诸子》的视频讲座，加深对春秋战国这一时期百家争鸣局面的了解。

点评：该案例主要描述了对儒、道两家主要思想的讲授及经典研读。本堂课，W老师简单介绍了春秋战国这一中国历史上特殊的时期及先秦诸子百家争鸣的文化繁荣局面，重点介绍了对中国传统文化有着深刻影响的儒家及道家创始人及其思想。课程内容信息量大，《论语》《道德经》中节选的篇目较难，而学生的汉语水平较低，严重影响了课堂教学进度。学生对中国传统文化及思想有着浓厚兴趣，但其语言水平限制了他们更好地理解所感兴趣的内容，所以建议让学生先去学习他们母语中介绍这一部分内容的作品，然后再阅读中文的相关作品以帮助其准确理解。W老师可放慢教学速度，选用浅显的语言或借助学生母语辅助解释语言难点。

三、案例3：中国菜（"中国文化"课程）

在初级汉语阶段，学生们已学到了"我会做中国菜""中国菜很好吃"这样的句型。我们现以L老师所讲授的中国菜为例，探讨"中国文化"课程的教学经验。

L老师用几张中国菜的图片引入上课内容，学生们立刻对中国美食表现出极大的兴趣，纷纷参与讨论，还向老师推荐贝宁的美食。于是，那次课后，L老师决定给学生们专门上一次"中国文化"课，主题是"中国传统美食"。但是，如果仅仅

"讲"中国传统美食，内容、形式都显得单一，单纯的讲解学生也容易感觉枯燥。而且"纸上谈兵"，学生并不能留下深刻的印象。联想到中国有太多的美食与传统节日紧密相连，于是L老师将教学内容定为"中国传统节日及特色美食"，把节日习俗、地方风俗和中国美食结合起来介绍，并制作了大量的PPT课件，在互联网上搜集到了一些合适的视频。

　　开始上课后，学生们知道本节课的内容是关于中国的几个传统节日和特色美食的，立刻兴趣大增，课堂氛围顿时活跃起来。L老师先询问学生们知道哪些中国食物，本来以为学生们应该知道饺子、宫保鸡丁、北京烤鸭这些受外国人欢迎的食物，但发现贝宁人对中国的了解真是太少了。大多数人不知道任何中国食物，仅有少数人表示听说过饺子。于是，L老师就从"饺子"开始讲起。

　　首先，L老师告诉学生中国最重要、最隆重的节日是春节，让他们记下"春节"这个词（标音）以及春节的时间；再播放提前找好的视频，这个视频用英文详细解释了春节的由来，以及中国人会以怎样的方式来过春节。在播放视频的过程中，L老师会在必要时候停下来解释。看完该视频后，学生们知道了中国人在除夕夜一定要吃饺子。这时，L老师又播放了一个简短的制作饺子的视频，让学生们知道饺子是怎样做出来的。之后，L老师以同样的流程给学生播放并讲解了元宵节、端午节、中秋节的由来以及中国人会怎样过这些节日，在这些节日会有什么样的特色食物，这些食物又是怎样制作出来的。

　　在讲完中国传统节日及其对应的节日食物后，L老师从地域的角度介绍了中国的八大菜系及其特征、代表菜品。在背诵着L老师讲的中国美食地域口诀"甜在东边，咸在北边，辣在南边，酸在西边"的时候，学生们表示贝宁南北的口味也有区别。

讲完八大菜系，L 老师又给学生们展示了一张中国美食地图，图上有各省份的特色美食。L 老师以自己的家乡甘肃为例，播放了兰州牛肉面的制作视频。视频最后，一碗面做好了，并介绍"一清二白三红四绿五黄"分别指的是什么。这时，一位学生告诉 L 老师："这碗面看起来太有艺术感、太让人有食欲了，她非常想尝试。"讲完自己家乡的特色美食后，L 老师又介绍了自己最爱、也是近年来越来越能代表中国美食的食物——火锅，同学们纷纷表示有机会一定会去尝试。

在观看视频的过程中，同学们发现中国人都是用筷子吃东西的。L 老师先用图片展示了使用筷子的方法，然后拿出事先准备好的筷子和豆子，告诉学生接下来将练习使用筷子，进行用筷子夹豆子比赛。学生们立刻表现得非常开心，课堂气氛也热烈起来。L 老师让学生们围成一圈，每个人都尝试用筷子去夹东西。有些人一下就学会，有些人迟迟学不会，一直在练习。在大家都差不多学会使用筷子之后，L 老师宣布开始进行比赛。一分钟以内夹得最多的人获胜。这个环节学生们玩得特别开心，甚至下课了都不想走。这节课结束后，学生们向 L 老师表示，他们特别想尝试使用筷子吃中餐，并让老师推荐一些好的中餐馆。

点评：该案例是学生比较感兴趣的"中国文化"课。讲解文化课，对任课教师来说最难的是组织语言。因为学生们都是初学者，没有办法完全使用汉语上课。在讲语言知识时，可以重点教授语言内容，尽量少使用媒介语。但是光靠汉语讲解文化内容是不行的，而贝宁学生的官方语言又是法语，所以用英语讲解也是不行的。L老师知道语言表达及解释是非常困难的一部分，所以备课时花了很多时间来组织语言，提前设想了一些学生可能会问的问题并备好了答案；讲课时尽量选择最简单的语言去解释，并配上大量图片和视频。在整个授课过程中，L老师对于知识点的讲解使用了现代媒体技术，播放相应节日及美食视频，有利于学生理解；在讲完课后，L老师又教学生们练习使用筷子，并进行了一场小比赛，不仅让他们学会了使用筷子的技能，调动了课堂气氛，还激发了学生对中国文化的兴趣。

不足之处在于，这节文化课几乎是全程输入，没有中贝两种文化之间的交流和对比。既然已经讲解了中国的传统节日及特色美食，应该让学生们也讲讲贝宁对应的传统节日及特色美食，这样就体现出一定的中外文化差异。

第四节 中小学汉语课程教学案例

一、案例1：水果和饮食（小学汉语课程教学）

根据贝宁孔子学院的安排，D老师来到一所小学上汉语课。这所学校开设汉语课有5年多，主要是兴趣课。很多学生最初只是出于好奇而学习汉语，因为没有内驱力，所以现在已经没有了最初接触汉语时的热情，逐渐表现出学习松懈甚至无所谓的态度。学生流失情况严重，留下的学生的汉语水平也参差不齐。

D老师在这所学校的第一堂课是根据之前志愿者老师的分班模式进行授课的。为了了解学生的汉语水平和复习以往知识，D老师按照《快乐汉语》课文顺序复习。在复习的过程中，D

老师发现有的学生虽然学汉语有一两年了,但是不仅发音不好,而且只记住了《快乐汉语》第一册前部分的内容。对于这种情况,D老师通过和之前的志愿者交流,以及日常跟学生们的交谈,有意识地了解学生的汉语水平、学习目的和具体的学习需求。D老师发现很多学生对学习汉语没有明确的目标,在他们看来汉语课就是放松游戏的课堂,他们不追求学习效果,只要能快乐地做些游戏,在游戏的同时能学到一些知识就行了。还有一些学生有明确的学习目标,他们想在汉语课上跟随老师逐渐掌握成体系的汉语内容,之后通过参加汉语水平考试(HSK)前往中国留学。还有一部分学生是对汉语感兴趣而前来学习的,希望真正掌握一门外语。基于此,D老师将第一种学生分为一个班,起名叫快乐班;将后两种学生分为一个班,起名叫飞翔班。两个班的教学内容不同,教学方法也不一样。

分班后,在快乐班的第一节课,D老师进行了词汇教学。快乐班的学生学习动力低,注意力不集中,经常会在课上因其他同学、事物而分散注意力,记忆效果差,也不爱写字。为了让学生能够记住词汇,不会被句子和语法吓倒,D老师尽量精简了教学内容,计划先让他们多说,然后再进行书写练习。

根据教学安排,D老师这节课进行的是有关"水果和饮食"的词汇教学。上课前,D老师设计了很多有图片的词卡。开始上课后,D老师边出示词卡,边示范朗读,让学生跟读;接着,D老师让学生们抽走了自己喜欢吃的食物的卡片,然后点读词语,拿着该词语卡片的学生起立并示范朗读(如有错,老师可立刻纠正),其他学生跟读。一轮过后学生更换手中的卡片,再做一轮。之后,D老师将卡片收回,贴在黑板上,做"拍苍蝇"的游戏。当每个学生几乎都能够快速地对每个食物对应的词语做出反应时，D老师再展示句型"D老师要……"让学生们进行练习，并要求他们下节课带来自己喜欢吃的食物和饮料，进行扩展练习。这一节课下来，学生的注意力比较集中，都能够掌握本节课所教的词语和句子。

第二节课，D老师让学生扮演小服务员，向其他同学询问："你要什么？"当被询问的同学说出正确句子后，扮演服务员的同学将食物分给其他同学。游戏环节过后，D老师再带着学生们学习这些汉字。D老师将汉字按照偏旁部件设计卡片，让学生找出对应的偏旁进行拼装，拼装正确之后再摹写。由于这个班学生的学习动力不足，D老师必须在每节课前都带领他们进行大量的复习、操练，帮助他们进行记忆。经过一个月的教学实践之后，学生们的词汇量有了一定的提升，能够熟练说出这个单元的句型。

对于飞翔班的学生，D老师主要按照完整的教学体系进行教学设计。除了有词汇、语法教学，书写和语音教学训练也必不可少。这个班的孩子们学习主动性强，在教学的时候能够举一反三，在课下也能自主复习。通常，D老师会在课前要求学生们预习要学习的词语，将不懂的写下来，然后由老师在课堂上统一解决。这种方式要求D老师花比较多的时间备课，需要预估学生们出现的疑问并进行准备。在课堂上，D老师主要集中在语法、句段的教学和操练上，让学生大量进行仿写、造句。完成课堂教学之后，除了布置配套的练习，D老师还会要求学生根据课文进行句段仿写。一个阶段的学习结束之后，D老师会要求学生完成小组展示任务，根据不同的主题查阅资料，完成知识分享、汉语小节目等口头表达作业。一学期之后，学生们的学习水平有了很大的提高。

点评：该案例主要描述了成功的汉语分级授课模式。教师在进行教学准备的时候，首先要了解学生当前水平和学习需求，分析教材的功能和主题，根据学生实际确定在当前主题下适合学生的学习目标，找到最适合学生特点和当前主题的教学方法，准备适当的设备和教具，同时要尽可能地了解学生，探明学生的汉语水平，想清楚用什么方法让学生学起来最有效，记得最牢。在以往的教学中，大多按年龄对学生分类，这让一些不同目的的学生杂糅在一起，老师在备课时为了兼顾大家，要么超出了一些学生的学习范围，要么达不到另一部分学生的学习要求，长此以往学生的学习积极性降低，教学效果也受到影响。而怎样设计教学内容能够提高学生的积极性，就是教师需要思考的问题。D老师在快乐班的备课过程中，会刻意地精简教学内容，且适当增加一些游戏环节并引入竞争机制，有效的竞争会让学生更主动、更积极地去学习。同时，之前的老师会以送礼物的方式激励学生，这个班的学生有的来上汉语课就是为了要礼物，因此老师设计了积分换礼物活动，攒够一定的积分才能换礼物，这也能够进行学生的筛选。在飞翔班的教学中，D老师着重提高他们的汉语自主表达能力，避免学生只会说课本中的句子，也激励学生更主动地学习汉语。

二、案例2：面部器官词语认读（儿童汉语课程教学）

儿童汉语课程的教学对象年纪小，自控力差，注意力持续时间不长且易分散，学习缺乏内趋力。如果教师的教学内容和教学方式不当，就会出现学生对授课内容不感兴趣，或学得快的学生完成自己任务后就开始扰乱其他学生等情况。因此儿童汉语课程教学不能一味由教师讲，必须让学生更多地参与；不光动口,也要动手,这样既能提高学生的专注度,保证良好的课堂秩序,又能通过"玩中学",加深对所学汉语的印象。

本节课的教学内容为"面部器官词语认读"。F老师把事先准备好的面部器官图片用磁铁贴到白板上,学生就能直观地理解意思,也很清楚这节课要讲什么。随后,F老师一边指着自己的眼睛,一边大声领读"眼睛",学生跟读。接着,按照这个节奏,学完了"眼""鼻子""嘴""耳朵""头""头发"。然后,F老师利用白板上的图片,让学生进行了两遍认读练习。认读练习完毕后,F老师和学生进入互动环节。先是F老师说词语,学生指自己面部的器官,接着F老师指自己面部的器官,学生说出对应词语。等学生掌握差不多的时候,F老师开展组织比赛,看谁指得快,看谁说得快。就这样,整个教室的氛围越来越活跃。

眼看教室里气氛越来越热烈,F老师立刻做了几次"请坐好"的手势(这个手势是开课时和学生约定好的)。等同学们坐好后,F老师拿出了准备好的"人面剪纸材料包"。当F老师拿出材料包时,学生们都好奇地看着老师手里的东西,教室里一下就安静了下来,比赛时候的热烈紧张气氛变成了略带神秘的气氛。F老师给每个同学发了一张纸和一份材料包。材料包里是剪好的彩纸人面器官:头、两只眼睛、鼻子、嘴、两只耳朵和一撮头发。得到材料包之后,学生们像探险似的小心翼翼地打开,看到像拼图一样的东西,都很开心。这时,F老师开始讲解规则:F老师说一个词,学生找到相应部分,并贴到纸上。比如,F老师说"头",学生需要找到"头"的剪纸,然后贴到纸上。为了增加难度,F老师特意调整了词语的顺序。学生们明白规则后,跟着F老师的指令一步一步做。完成得快的学生,

F老师会要求他们在旁边写上汉字。如果有学生速度非常快，还可以拿着粘贴好的人面来读给老师听。这样保证人人有事做，课堂纪律就不会乱。

这节课的家庭作业是回家教爸爸妈妈说这几个面部器官词语。F老师觉得学生把自己的作品带回家，再把汉语教给家长，家长们一定会为孩子感到骄傲。

这堂课动静结合，既有游戏又有动手环节，效果也正如所期待的，学生们学到了需要学的知识，在游戏环节锻炼了听和说能力，在手工活动中锻炼了听写能力。最后，学生们举起自己的作品，要求合影，脸上露出无比开心的笑容。

点评：该案例主要描述了一次成功的课堂活动设计。案例中是小学生，以10岁以下居多，学生年龄及汉语水平都有差异。每节课60分钟，学生很难集中听老师讲20分钟以上。而且还有个别学生课堂纪律较差，需要特别关注。

针对注意力易分散的问题，F老师把60分钟分为片段化，每一段安排不同的活动，这样的切换会让学生每一段都集中注意力。在课堂活动设计多样化的同时，F老师也考虑了趣味性，结合学生们的具体喜好设计。

课堂管理方面，F老师并没有刻意去强调，而是安排了动静结合的活动，并且给先完成任务的学生再加任务，这样保证每个人在每个时间段都能有事情做，而且做的事情是他们喜欢做的，这样，课堂秩序自然会好很多。

该案例的课堂活动设计正是集中了以上三点，集多样性、趣味性、分层性于一体，游戏和手工相结合，一动一静。今后，可以考虑尽量缩短前期准备时间，找到更多更好的教学资源，从而提高教学效率。

三、案例3：中小学汉语课堂管理

Z老师在贝宁孔子学院任教期间，负责去中小学教学点教学，其间发现了两个问题。

第一个问题：在兴趣课上，如何让学生尽量保持兴趣，持续进行汉语学习。

目前来说，贝宁中小学汉语教学主要以兴趣课为主，对于大部分学校来说，需要自行在教学点进行招生。自行招生，大部分学生是为了解中国而来学习汉语，很多只是因为喜欢的亚洲文化而来学习汉语，慢慢就会产生懈怠，不想继续坚持下去。在这个过程中，老师就需要在教学中采取一些有效的方法。

在正式开始上课前，老师可以和学生进行简短的聊天，了解学生为什么学汉语，学生对哪些方面、哪些话题感兴趣，在之后的教学中可以尽量针对学生的兴趣点设计一些教学内容和教学活动；简略地向学生介绍一些中国文化，告诉学生汉语课不仅仅可以学汉语，也可以亲自体验中国文化；可以为学生制定好规则，告知鼓励措施和考核制度，在进行考核后，以中国一些特色小礼品（如中国结、传统书签等）来鼓励和奖励学生。

在教学中，老师要根据学生的兴趣点以及自己的能力，来教授学生一些简单的中文歌和中国舞（可尽量选择当下较流行，学生有所耳闻的），也可以布置一些简单的任务（如中国服饰介绍、节日介绍、喜欢的偶像等），让学生更积极地参与教学活动；注意观察每一位学生，如果有发现认真努力、热爱学习汉语的学生，在了解学生的具体学习情况后，针对其具体情况调整教学方案；根据学生的接受程度，适当为学生增加一些学习内容，并帮助学生制定更高的学习目标，更好地培养学生。

老师要在语言课和文化课中间做好平衡，几周一次、一个月一次,可根据教学进度来调整。在文化课上,老师也可选择一些让学生动手参与的活动。活动开始前做好准备工作,也要做好介绍。

第二个问题:贝宁学生大多思维活跃,上课爱说话,会积极抢答老师提出的问题,但也会注意力不集中,缺乏一定的纪律性。

在教学中,老师要注意观察,根据学生的年龄、特点去制订教学计划、教学内容,进行课堂管理。要采取鼓励式教学,将学生的兴趣转变为真正热爱学习汉语的动力。在教学中,要不断去探索,不断尝试一些新方法。

在上课过程中,Z老师观察到,年龄较小的学生刚开始学习汉语时非常有积极性,对跟读和回答问题很积极,比较有表现欲。老师在提出问题后,学生就抢着一起回答,而且还会说很多遍,这就会在课堂上造成一定的混乱。对于老师指定学生回答的问题,一些积极的学生不给应该回答问题的学生思考和回答的时间,自己不管答案是否正确,会第一时间说出答案,这就打乱了老师检查个别学生掌握学习情况的计划。

对于这种情况,Z老师首先观察了一下贝宁老师在上课或者开会时的情况,发现年龄小的学生在课堂上有问题询问或者回答问题时都会举手说"某老师,某老师"。这时,Z老师知道学生们是有在课堂中举手问问题或回答问题的意识的。之后,Z老师在课堂上制定了提问规则。提问之前,Z老师告诉学生是集体回答还是单独回答,并向学生强调,问问题和回答问题都需要举手。刚开始时,个别学生还是没有这个意识,Z老师就会选择举手的学生来回答问题,并且提出表扬。之后强调,要记得举手回答问题。当然,也不能完全忽略抢答的学生,这样会打击他们的积极性。在表扬他们的同时也要告诉他们，下次一定要举手回答问题。对于不积极举手回答问题的学生，也要适当地让他们来回答问题，不让他们觉得被忽略了。这样，学生就会慢慢习惯举手回答问题和老师指定学生回答问题的模式，既提高了课堂效率，又使老师能更好地掌握学生的学习情况。

　　点评：本案例涉及汉语教学中较为典型的课堂管理问题。贝宁学生大多思维活跃，上课爱说话，会积极抢答，但也会注意力不集中，缺乏一定的纪律性。教师该如何在保证课堂秩序的同时，让学生尽量保持兴趣，持续进行汉语学习呢？首先，教师应了解学生为什么学习汉语，学生对哪些方面、哪些话题感兴趣，在之后的教学中尽量针对学生的兴趣点设计一些教学内容和教学活动。其次，教师要贴近学生特点，根据时代的变化和潮流选用一些新内容，激发学生的学习欲望，提高学生的参与度。再次，教师要进行文化教学，实行鼓励和考核制度。教师在平时上课时要注意观察，根据学生的年龄、特点去制订教学计划、教学内容，了解更多的课堂管理办法，借鉴当地教师的方法或者根据课堂实际情况进行一定的调整，以适用于当地教学。

参考文献

一、著作类

廖建玲. 国际汉语教学设计［M］. 北京：高等教育出版社，2013.

邵敬敏. 现代汉语通论：第 3 版［M］. 上海：上海教育出版社，2016.

闻亭，常爱军，原绍锋. 国际汉语课堂管理［M］. 北京：高等教育出版社，2013.

约翰·P.霍斯顿. 动机心理学［M］. 孟继群，侯积良，译. 沈阳：辽宁人民出版社，1990.

B·S.布卢姆. 教育评价［M］. 邱渊，王纲，等译. 上海：华东师范大学出版社，1987.

二、论文类

阿帅. 贝宁中国文化传播及其活动现状探讨［D］. 陕西师范大学，2019.

曾凡雪. 形近及音近、音同汉字集中与分散教学效果差异实证研究［D］. 暨南大学，2019.

陈永花. 喀麦隆汉法语音对比在对外汉语教学中的应用

[J]. 浙江师范大学学报（社会科学版），2008（02）.

富兰克. 贝宁汉语教学现状调查分析及对策研究［D］. 四川师范大学，2018.

蒋晓红. 古代非洲贝宁青铜雕像艺术特点［J］. 装饰，2006（06）.

雷同玲. 见证中国文化中心在非洲的成长和发展［J］. 非洲研究，2016（02）.

李旭，梁宏. 贝宁双元学徒制改革的动因、举措与经验［J］. 比较教育研究，2011（11）.

刘畅. 对外汉语初级阶段阅读教学初探［J］. 边疆经济与文化，2010（12）.

罗琼. 非洲留学生汉语语音习得偏误及其对策［J］. 长江大学学报（社科版），2014，37（10）.

马克西姆. 中国与贝宁的经贸合作［D］. 安徽大学，2019.

米妞. 对马达加斯加学习者汉语语音教学研究［D］. 河北师范大学，2016.

王荟惠. 利比里亚汉语学习者语音习得偏误分析［J］. 齐齐哈尔大学学报（哲学社会科学版），2014（05）.

张旭. 成就动机的心理机制探究［J］. 江西社会科学，2003（03）.

张盈盈. 非洲留学生汉字书写偏误分析［J］. 南昌教育学院学报，2010，25（12）.

赵佳. 非洲留学生汉语学习策略研究［D］. 东北师范大学，2012.

赵丽. 中高级阶段布隆迪留学生汉语标点符号习得偏误研究［D］. 渤海大学，2019.

附 录

贝宁孔子学院汉语学员调查问卷[①]

姓名_____　　性别_____　　年龄_____　　学历程度_____

一、**基本情况**

1. 你是否学过汉语？

   A. 是　　　B. 否

2. 如果你学过汉语，你学习过多长时间？

   （　　）周　　　（　　）月　　　（　　）年

3. 你上过的汉语课程，是否有学分？

   A. 是　　　B. 否

4. 你是否去过中国？

   A. 是　　　B. 否

5. 如果你去过中国，你在中国停留了多长时间？

   （　　）周　　　（　　）月　　　（　　）年

6. 你在贝宁是否和中国人有交往？

   A. 没有　　B. 很少　　C. 经常

7. 你是否通过各种方式了解中国社会和中国文化？

   A. 没有　　B. 很少　　C. 经常

[①] 原问卷都附有英法翻译。

8. 你是通过什么方式了解中国社会和中国文化的？选择适合你的所有选项。

   A. 汉语课程　　B. 影视广播　　C. 网络　　D. 出版物

   E. 文化活动　　F. 和中国人的交往

9. 你的父母/朋友对你学习汉语是什么态度？

   A. 支持　　B. 反对　　C. 不支持也不反对

二、学习动机调查

你学习汉语的原因是什么？请选择适合你的所有选项。

A. 满足学校的外语学习要求

B. 我父母的要求

C. 我朋友的影响

D. 就业的需要

E. 工作的需要

F. 可以去中国留学

G. 可以从事与中国有关的工作

H. 对汉语及中国文化感兴趣

I. 可以和中国人顺利交往

J. 可以更好地了解中国的文化艺术

三、学习习惯调查

1. 你是否会制订汉语学习计划？

   A. 每天　　B. 经常　　C. 很少　　D. 不会

2. 你是否会课前预习？

   A. 每次都预习　　　　B. 经常预习

   C. 很少预习　　　　　D. 不预习

3. 你预习时会做笔记或做记号吗？

   A. 每次都做　　B. 经常做　　C. 很少做　　D. 不做

4. 你上课是否会认真听讲？

   A. 每次都会　　B. 经常会　　C. 很少会　　D. 不会

5. 你上课时是否会记简单的笔记或记号？

   A. 每次都会　　B. 经常会　　C. 很少会　　D. 不会

6. 你上课时是否会积极回答问题？

   A. 每次都会　　B. 经常会　　C. 很少会　　D. 不会

7. 学习遇到问题时，你是否会向老师或同学请教？

   A. 每次都会　　B. 经常会　　C. 很少会　　D. 不会

8. 你是否会和同学合作学习？

   A. 经常会　　B. 很少会　　C. 不会

9. 你是否经常用汉语大声朗读？

   A. 经常会　　B. 很少会　　C. 不会

10. 你是否会按时完成作业？

    A. 每次都会　　B. 经常会　　C. 很少会　　D. 不会

11. 你是否会抄袭作业？

    A. 每次都会　　B. 经常会　　C. 很少会　　D. 不会

12. 你课后是否会复习？

    A. 每次都会　　B. 经常会　　C. 很少会　　D. 不会

13. 如果你落下功课，你是否会要求老师补课？

    A. 每次都会　　B. 经常会　　C. 很少会　　D. 不会

14. 老师的表扬对你是否有很大的鼓励？

    A. 很大　　B. 不大　　C. 没有

15. 如果你的汉语水平不能迅速提高，或者落后于其他同学，你是否会放弃学习汉语？

A. 不会　　　B. 会

C. 会再努力学一阵，视情况而定

四、学习难点调查（请按难度从大到小排列）

1. 你觉得哪项技能学起来更难？

    A. 听　　　B. 说　　　C. 读　　　D. 写

2. 你认为汉语的哪个方面更难？

    A. 语法　　　B. 词汇　　　C. 发音

    D. 汉字　　　E. 文化　　　F. 职业汉语

五、学习策略调查（可多选）

1. 你经常复习已经学过的课程吗？

    A. 经常会　　　　　B. 很少会

    C. 不会　　　　　　D. 老师要求就会

2. 你记生词的时候，会把生词的意思表演出来，以便记忆吗？

    A. 经常会　　　　　B. 很少会

    C. 不会　　　　　　D. 老师要求就会

3. 你记生词的时候，会给它一个具体的语境帮助记忆吗？

    A. 经常会　　　　　B. 很少会

    C. 不会　　　　　　D. 老师要求就会

4. 你会用图画或者实物来帮助记生词吗？

    A. 经常会　　　　　B. 很少会

    C. 不会　　　　　　D. 老师要求就会

5. 你会不断模仿、重复听、说同一内容吗？

    A. 经常会　　　　　B. 很少会

C. 不会　　　　　　　　D. 老师要求就会

6. 你会看教材以外的汉语书吗？

   A. 经常会　　　　　　　B. 很少会

   C. 不会　　　　　　　　D. 老师要求就会

7. 如果有机会，你会主动和中国人交谈吗？

   A. 经常会　　B. 很少会　　C. 不会

8. 你会看汉语的影视节目吗？

   A. 经常会　　　　　　　B. 很少会

   C. 不会　　　　　　　　D. 老师要求就会

9. 你会用汉字记笔记吗？

   A. 经常会　　　　　　　B. 很少会

   C. 不会　　　　　　　　D. 老师要求就会

10. 你会利用自己的母语来帮助汉语学习吗？

    A. 经常会　　B. 很少会　　C. 不会

11. 你了解自己汉语学习的难点吗？

    A. 很了解　　B. 了解一些　　C. 不了解

12. 你和中国人交流时，会利用对方的肢体语言或其他语境线索来猜想吗？

    A. 经常会　　B. 很少会　　C. 不会

13. 你在使用汉语交谈时，如果想不起来会用其他方法来代替吗？如用别的词、自己创造一个词、借助肢体语言等。

    A. 经常会　　B. 很少会　　C. 不会

14. 你会制订学习汉语的目标和计划吗？

    A. 经常会　　　　　　　B. 很少会

    C. 不会　　　　　　　　D. 老师要求就会

15. 课堂以外，你能保证充足的时间学习汉语吗？
    A. 能　　　　B. 不能　　C. 只有课堂时间
16. 你觉得你现在的汉语有进步了吗？
    A. 有很大进步　　B. 有一点进步　　C. 没有进步
17. 你学汉语出现错误的时候，会记下来避免以后再犯吗？
    A. 经常会　　　　　　B. 很少会
    C. 不会　　　　　　　D. 老师要求就会
18. 你会因为怕出错而不说汉语吗？
    A. 经常会　　B. 很少会　C. 不会
19. 你会感到焦虑吗？
    A. 经常会　　B. 很少会　C. 不会
20. 你焦虑时能有办法让自己放松吗？
    A. 经常能　　B. 很少能　C. 不能
21. 你遇到问题的时候，会主动向你的中国老师请教吗？
    A. 经常会　　B. 很少会　C. 不会
22. 你会和同学一起学习汉语吗？
    A. 经常会　　　　　　B. 很少会
    C. 不会　　　　　　　D. 老师要求就会
23. 你了解中国社会及中国文化吗？
    A. 了解很多　B. 了解一些　C. 不了解